2.

Ce que les femmes ne disent jamais aux hommes

Sommaire

Abstinence

Valérie. L'appétit vient en mangeant

Je suis musulmane depuis près de 10 ans. À l'époque, mon meilleur ami était musulman et il était si beau et si doux que je me suis juré de l'épouser. Je l'aimais vraiment, et je me suis battue contre vents et marées pour accéder à la même religion que lui. En fait, tout me plaisait dans cette façon de voir les choses, et notamment le rôle de la femme. Quand je dis ça, je sais que je choque tout le monde, et j'entends en permanence « mais tu es allée dans une prison mentale, ça doit être horrible, c'est régresser et faire honte à tout ce chemin parcouru pour libérer les femmes ». Mais je me dis que ce discours, les gens le répètent comme s'ils étaient lobotomisés, comme s'ils ne pouvaient pas réfléchir par eux mêmes. Je trouve qu'en Occident, il n'y a pas pire image de la femme. Elle est partout salie, exposée aux regards des hommes. Les femmes sont sans cesse sifflées, touchées contre leur gré (dans les transports en commun, dans la rue, partout) et elles en redemandent ! Tout le monde appelle ça une « libération » ! D'accord, donc il « faut » avoir fait l'amour avant 20 ans sinon on est la dernière des nulles, il « faut » avoir des jambes comme ci, des seins comme ça, un corps parfait, tels vêtements (selon les critères de l'époque, qui dégoûteraient sans doute les hommes du passé et du futur). C'est quoi cette libération ? Voilà, pour moi, le vrai asservissement : toutes les femmes doivent se ressembler pour plaire aux fantasmes des hommes, et en même temps il n'y a jamais eu autant de couples qui se séparent, de gens malheureux...

Lorsque je discutais avec mes amies musulmanes, en fait on avait un seul unique sujet de conversation sexuel : la première fois. On avait toutes peur, on nous avait dit que c'était douloureux, sanglant, terrible. Que le sexe de l'homme labourait tout, qu'il était gigantesque. Et quand j'entendais les dialogues des autres filles (non musulmanes), j'étais choquée par leur absence de sentiment envers les garçons et envers elles-mêmes. Je les trouvais cyniques et vulgaires, et pour tout dire pas intéressantes. Cela tournait autour de « tu vas te le taper samedi ? » ou « c'est vraiment un mauvais plan ce mec, il est gentil mais il baise si mal… que veux-tu que j'en fasse ? ». Je me disais que c'était une étrange façon de parler d'un autre être humain.

Je ne peux pas dire que je n'éprouve pas de désir. C'est vrai que parfois, quand je frôle quelqu'un, je sens bien que j'ai des envies physiques, mais c'est assez flou en fait. Ou aussi dans mon lit, comme ça, sans prévenir. Je fais aussi des rêves très doux et sensuels qui ne me laissent pas indifférente physiquement. J'ai essayé de me caresser parce qu'il ne faut pas croire que je suis spécialement coincée ou quoi. Mais là encore, je ne vois pas l'intérêt. D'abord physiquement, ça ne me fait ni plus ni moins d'effet que de me caresser le bras ou le visage. Et puis j'ai l'impression de me salir un peu, je veux dire que pour moi dans faire l'amour il y a amour donc forcément une tierce personne. Sinon c'est vide de sens. Je suppose que c'est vrai ce qu'on dit : l'appétit vient en mangeant. Moi je ne « mange » pas beaucoup, donc je n'ai pas de grosses envies, et je peux très bien concevoir que d'autres personnes

aient besoin de se masturber souvent. Contrairement à elles qui ne peuvent supporter l'idée que MOI je n'en aie pas besoin !
Je pense aussi que le corps ne m'intéresse pas tellement. Euh… ce qui comptera chez mon mari ce sera avant tout ses qualités de cœur. Je sais, je sais, ça semble ringard de dire ça comme ça, mais est-ce que tous les gens ne cherchent pas avant tout à être aimés ? Et voudrait-on que ce soit par des ogres ou des monstres ? Donc un homme rond ou maigre, moustachu ou non, beau ou pas, ça m'est égal. Ce que je veux c'est me sentir bien avec lui. Bien sûr, pas de guenilles ni de saleté, mais en dehors de ça…

Myriam. Ceinture

Ton livre sur la sexualité, ça me fait, rire. Crois-le ou non, je n'ai pas fait l'amour depuis 4 ans ! Depuis que je me suis fait larguer par mon ex, ceinture. Plus envie du tout, parfois une petite masturbation et encore, quand j'y pense, disons 1 ou 2 fois par mois. Ça ne me fait pas grimper aux rideaux, je suis juste comme en sommeil. Ça ne me manque pas.

Paola. Non, rien de rien...

Alors là, c'est Myriam qui me fait rire, et pas ton livre ! Moi ça fait plus de 10 ans que rien de rien. Et en plus, je suis mariée ! Ça s'est espacé peu à peu, sans qu'on fasse gaffe. On vit ensemble, on dort dans le même lit, mais on ne se touche plus du tout. Au début de cette drôle de période, il n'y avait juste pas de pénétration (Jean-Marie invoquait la fatigue, les soucis, en fait son père était très malade et il le vivait mal), mais on se câlinait, donc je ne dirais pas que c'était abstinence. Mais si tu veux que je le compte aussi, alors ça fait bien 12 ans qu'on n'a pas fait l'amour. En tout cas aujourd'hui, pas une bise, une caresse machinale ni même un regard équivoque. On n'a jamais abordé la question, on vit en copains. C'est vrai, parfois c'est étrange (surtout quand on dîne avec des amis et que le sujet arrive sur la table, on est un peu gênés), disons plutôt que c'est bizarre par rapport au reste de la société, tu sais les enquêtes genre « les couples font l'amour tant de fois par semaine, etc. » Mais quand on est entre nous, au quotidien, ça ne pose en fait aucun problème. On s'intéresse tous les deux beaucoup à l'art, on se programme des week-ends en amoureux à droite à gauche, on crapahute dans les expositions, on peint, aussi, tous les deux. Une vraie vie de couple épanouie, sauf qu'on ne se touche pas. Et pourtant je ne dirais pas que notre couple va mal, on se sent bien ensemble, c'est intellectuellement et émotionnellement satisfaisant. Il manque la dimension physique, mais manque-t-elle vraiment ? Pour moi, non. Je ne sais pas ce que ça va donner. J'ai l'impression qu'on peut encore continuer comme ça pendant des dizaines d'années. Ça ne me gênerait pas. J'ai mis des années avant d'oser aborder le sujet avec des copines. Et quelle surprise d'apprendre qu'elles aussi avaient vécu (ou vivaient !) de longues périodes de no sex land.

ACCOUCHEMENT

Isabelle. Délivrance

Je n'ai encore jamais osé raconter ça. J'avais 18 ans quand j'ai accouché de mon premier enfant, et comme toutes les futures mamans j'imagine, j'étais à la fois heureuse et angoissée. Je n'avais pas souhaité de péridurale car je voulais vivre pleinement l'arrivée de mon bébé. La douleur se faisait de plus en plus aiguë, la naissance était imminente, la sage-femme et les infirmières s'affairaient autour de moi, me répétant combien j'étais courageuse. Puis arriva le moment de l'expulsion, ma souffrance était à son comble mais j'avais compris qu'elle allait bientôt cesser. Tout en fournissant un ultime effort j'ai senti la douleur faire place à une onde de chaleur qui envahissait mon vagin, et c'est finalement au milieu d'un orgasme que j'ai entendu la sage-femme m'annoncer que j'avais une jolie petite fille.

ALLAITEMENT

Florane. Je n'allaite pas parce que je garde mes seins pour mon mari

Je voudrais parler d'allaitement parce qu'on n'aborde jamais ce sujet avec personne, et une fois j'ai même essayé avec des bonnes copines, j'ai bien vu que ça les choquait. J'ai quatre enfants (dont deux jumeaux) et j'aurais bien allaité mais l'unique raison pour laquelle j'ai finalement renoncé, c'est que pour moi, les seins, c'est la fonction sexuelle. Je veux dire que j'adore qu'on les caresse, qu'on souffle dessus, qu'on les mordille, qu'on les couvre de sperme, donc je sais que j'aurais culpabilisé de nourrir mon bébé au même endroit que là où se déchaîne son père.

Myriam. J'allaite parce que ça me donne du plaisir

Alors moi c'est exactement l'inverse de Florane. J'ai commencé à allaiter en me disant : « Je vais le faire seulement quelques jours, pour ne pas me séparer complètement de mon bébé, continuer à garder une espèce de lien utérin extérieur. » Je suis sûre que toutes les mamans voient ce dont je veux parler. Et finalement, j'ai trouvé ça bon. Je veux dire en dehors de l'aspect psychologique, nourricier, etc., j'ai vraiment ressenti du plaisir. Les petits doigts qui tripotent mes tétons, la langue parfois posée sur le mamelon sans en bouger, ou même en léchant un peu, la succion, inénarrable moment d'intense désir, oui je le dis, quand Arthur me boit, je m'abandonne parfois au plaisir que cela me procure. Pourquoi devrais-je en avoir honte ? Je fais très bien la différence avec son père, je n'ai jamais eu de geste déplacé envers mon fils ou quoi que ce soit de répréhensible.

Mirena. Une fois oui, une fois non !

Premier enfant, premier mari, j'avais très envie d'allaiter mais lui ne voulait pas. Il me l'a carrément interdit et comme une imbécile j'ai cédé à son bon vouloir. J'ai compris bien plus tard que c'était par jalousie (il l'a admis, il la confessé !), parce qu'il ne voulait pas qu'une autre bouche que la sienne se pose sur mes seins, alors qu'on ne jette pas la pierre aux femmes qui mélangent sexe et allaitement, les hommes y pensent eux aussi TOUS). Je lui en ai tellement voulu que je crois que ça a été le point de départ de notre divorce. Deuxième mari, deuxième enfant, je l'ai allaité. J'en veux encore plus à mon premier mari de m'avoir privée de cette expérience unique, et au niveau sensoriel, c'est tellement fort que s'il m'avait laissée allaiter notre premier enfant, je me serais sûrement émancipée au lit et tout aurait été finalement vraiment mieux entre nous. Parce que je suis d'accord : l'allaitement procure des sensations qui outrepassent largement celles de la relation enfant-bébé. C'est vraiment bon. Évidemment il y a les jours « sans », les jours où ça ne te fait rien, les jours où tes tétons sont douloureux (mais bon ça arrive aussi même quand on n'allaite pas, n'est-ce pas les filles ?), le risque de crevasse, etc. Mais il y a aussi ces infimes instants où, par hasard, ton bébé te touche innocemment les seins et tu décolles, ou ton homme demande à goûter ton lait et tu lui donnes aussi le sein, et que ça se termine comme on imagine. Alors que je ne connais aucun homme qui réclame le biberon !

AMOUR

Sandra. Flirt attardé

Victor et moi, nous travaillons dans un cabinet d'audit ; quand j'ai rejoint son équipe, on s'est très vite repérés. Il était marié, mais son épouse et lui réglaient les derniers détails matériels de leur séparation. À l'agence, on bossait sur un nouveau projet, il y avait une ambiance de folie, et je voyais ses yeux me suivre, scanner mon corps… bref, j'ai reçu un mail, il proposait qu'on se retrouve à tel endroit, lui y allait en voiture, moi de mon côté pour ne pas éveiller les soupçons des collaborateurs. On a dîné chez moi, c'était très excitant ; Victor est un homme qui sait être charmant. Il me racontait comment je lui avais plu bien avant de rejoindre l'équipe ; comment il n'avait pas éprouvé ces sentiments depuis des années ; il était terrassé, chauffé à blanc, amoureux… Super ! au lit, me suis-je dit. Je n'avais rencontré personne depuis quelques mois et je me le voyais bien ce grand garçon brun, costaud, dans un fouillis de draps. Nous nous sommes allongés sur mon lit, il m'a embrassée, embrassée, embrassée… Il n'en finissait pas de m'embrasser, tout en passant mollement ses mains sur mon corps. Il me chuchotait des donne-moi tes lèvres, quand il ne m'embrassait pas. J'avoue, je ne suis pas très entreprenante, côté sexe, je participe franchement, mais je préfère, comment dire, suivre le mouvement. Mais le mouvement se faisait attendre… c'était pas désagréable, juste… ennuyeux. Trop de tendresse (pourtant, j'adore !), des regards tellement profonds, qu'on s'y perd, j'avais l'impression d'avoir fait un retour dans le temps, on n'avait plus 12 ans ! Quand il a fini par passer la vitesse supérieure, ça n'a pas été franchement un succès non plus… à croire que lui avait bien 12 ans ! C'est l'amertume de la déception qui me fait parler comme ça, parce que Victor est un type super : drôle, gentil, intelligent ; mais franchement, je me suis rarement autant ennuyée en faisant l'amour. J'ai douté de moi, c'était sûrement moi le problème : il avait été marié, on lui prêtait une vie amoureuse épicée… On pourrait en tirer une leçon : on est toujours le mauvais coup de quelqu'un.

♥ **Anita. Amour… et sexe**

Je fais clairement la différence entre l'amour et le désir. Je vis avec mon copain, dont je suis amoureuse (je crois) et pour qui j'ai du désir (ça c'est sûr !). Mais je vois aussi, de temps en temps, d'autres mecs uniquement pour le sexe, et pour être précise uniquement pour les sucer ou faire des cochonneries (qu'on se comprenne bien : je ne crois pas que sucer est une cochonnerie quand je suis avec mon copain, mais hors contexte émotionnel, hors sentiment, oui, une technique de sexe juste pour arriver à l'orgasme, c'est une cochonnerie). C'est rare que je couche avec eux (ça peut arriver), c'est plutôt un petit jeu. Quelque chose de l'ordre de « un homme, une femme, on a envie mais on est "coincés" tous les deux par un mari/fiancé/mec. » Par exemple, une petite anecdote qui m'a beaucoup marquée alors qu'elle n'a rien de sensationnelle : j'ai sucé un journaliste dans sa bagnole, juste en bas de sa rédaction. Il était très tard, c'était la nuit (mais pas noire vu qu'il était garé pas loin d'un lampadaire), on était d'abord allés dîner, pas mal bu, et il m'a dit cash qu'il y pensait non-stop depuis qu'on se connaissait. J'ai répondu cash « vas-y, ouvre ta braguette ». Et je l'ai fait. Voilà. Il a gueulé dans la voiture, il y avait de la buée (mais pas partout !), je suis sûre que plusieurs personnes ont vu ce qu'on faisait (en même temps y avait pas grand-chose à voir, on était habillés tous les deux, j'étais juste penchée sur sa grosse, sa très très grosse queue, jusqu'à ce qu'il me balance tout). J'ai adoré faire ça, bien que mon niveau d'excitation reste à peu près à zéro. C'était juste pour le fun. Je crois que je m'en souviendrai toute ma vie. J'aime bien l'insouciance de ces moments-là : du plaisir, rien d'autre. Juste comme ça. Gratuit. Alors qu'avec ton mec le moindre geste prend des proportions, il attend souvent beaucoup (même s'il donne beaucoup), il y a un côté plus « lourd » à supporter.

Anilinctus

Yolande. C'est tout oui ou tout non

Faire un anulingus à un mec ? Il faut se lever tôt. La majorité des mecs ne veulent même pas en entendre parler, tu sens bien que déjà si tu t'aventures un peu par hasard là-bas, le mec se crispe, ferme les jambes, te sors un « où tu vas là ? » ou autre fin de non-recevoir. Par contre, ceux qui sont ok, alors là c'est l'inverse, ils se lâchent carrément. Ils se déplient, se déploient, écartent au maximum leurs jambes, leurs fesses, exposent leurs balloches, c'est assez impressionnant. Même les plus timides et les plus discrets habituellement se donnent vraiment à fond. C'est super agréable de tomber sur ce genre de gars, tu sens qu'il a confiance en toi, qu'il peut recevoir. Ce n'est pas si courant.

♥ Jocelyne. En progrès

C'est toujours les mecs pas sûrs d'eux qui refusent ce genre de jeu amoureux. Plus ils sont agressifs : « Oh ! je suis pas pédé moi ! », plus tu sens qu'il veut pas « lâcher » son statut de macho. Dommage, ils passent à côté de sensations sympas. Ça les changerait un peu… Enfin je trouve qu'il y a un vrai progrès quand même, avec beaucoup de mecs de mon âge (35 ans – *ndla*) on peut au moins parler librement de ce genre de sujet. Là, tu vois on en discute calmement autour de cette table, personne ne pique un fard ou ne quitte la pièce brusquement. Même si certains n'ont pas envie de s'exprimer, ils écoutent avec intérêt, regarde Sylvain ! La prochaine fois, il parlera peut-être… Pour moi en tout cas, l'anu fait partie des nombreux jeux que l'on peut avoir en couple, tout simplement. À faire ou qu'on me fasse, et je demande toujours au mec ce qu'il préfère : juste la langue, ou avec un doigt, ou avec une branlette… c'est lui qui dirige, je me plie à ses désirs. J'attends la réciproque quand c'est pour moi.

Ameline. À chaque fois un peu plus

Les hommes aussi peuvent évoluer ! Le mien est plutôt réservé et peu porté sur le jeu amoureux, bien que très tendre. Avec force discussions sur

« savoir donner et recevoir », il a fini par admettre que cela pouvait être frustrant pour moi de « recevoir » sans jamais pouvoir « donner ». Peu à peu, il m'a laissé jouer avec certaines parties de son corps. On a commencé par les oreilles, puis il s'est laissé caresser, masser, etc. Tout ça en plusieurs étapes. Chaque fois c'était une petite victoire parce que si la première fois il appréciait moyen (je le sentais tendu, dans le mauvais sens du terme !), celle d'après était déjà plus cool et la suivante il s'en remettait totalement entre mes mains. Récemment nous avons attaqué son petit trou. Très furtivement du bout du doigt d'abord, puis un rapide coup de langue comme ça, alors que je lui faisais une pipe. Puis un minuscule bout de doigt, puis plus loin, puis deux doigts. Maintenant, son anus est parfois si « open » qu'il réclame lui-même autre chose (on a un petit gode tout fin, offert par une de mes amies pour un anniversaire). Donc patience, patience ! Ce qui est génial c'est que j'ai l'impression que nos relations au quotidien – je parle de nos dialogues, notre complicité, notre amour peut-être même – se sont renforcées au fil de ces séances où, finalement, il s'agit simplement de faire confiance à l'autre pour lui prêter son corps. C'est une sacrée preuve d'amour, je trouve ! Indéniablement, être plus « relax » au lit implique d'être aussi plus « cool » dans la vie.

♥ **Virginie. Un vrai dialogue**

Il faut inlassablement tourner autour du petit trou et « pousser » à chaque passage, du bout de la langue, pour que môssieur accepte peu à peu de se détendre. Une fois que tu as compris ça, l'opération est toute simple, bien plus que de sucer son sexe. Et si l'extérieur de l'anus est un peu « en stries », dès que tu rentres dedans de quelques millimètres, c'est très doux, très agréable pour la langue. Un échange de muqueuses, un vrai dialogue entre zones douces, humides et chaudes. On peut laisser reposer la relation en allant parfois tripoter les bourses et le scrotum (la partie de peau extra douce entre le trou et le sexe), mais il faut revenir poursuivre l'échange commencé !

Martine. J'adore sucer. Tout !
Sûrement, j'en suis restée au stade oral. Quand j'embrasse je suce les lèvres et la langue, quand j'arrête je prends le ou les doigts de mon mec en bouche, ça me fait penser à sa queue donc je descends le sucer, de là je passe à son petit cul. Du coup il m'imite. Je ne sais pas s'il est comme ça au fond ou s'il copie juste mes gestes comme un miroir, mais lui aussi s'est mis à me sucer les doigts (il dit que ça lui fait penser à mes bouts de seins ou à mon clito), à me lécher partout. Je ne vais pas m'en plaindre !

♥ Laurène. Dégueu dégueu
Je trouve ça dégueu. Autant que le snow ball*. C'est pas parce qu'on est ensemble, qu'on s'aime et qu'on aime le sexe qu'il faut pour autant tout accepter. Aujourd'hui si tu enfonces pas des toys partout, si tu lèches pas

tout en te pourléchant les babines, si t'es pas prête non-stop pour un plan de jambes en l'air, si tu es contre les parties carrées ou que tu refuses que ton mec te filme en train de te masturber, ça fait de toi une coincée ! Et pareil pour les mecs d'ailleurs, censés tout aimer, explorer, etc. Désolée mais je ne vois pas en quoi lécher l'anus c'est une trouvaille géniale, ça me paraît simplement pas fait pour ça.
* *Se laisser décharger dans la bouche à la fin d'une pipe et venir embrasser son mec à pleine bouche pour lui redonner son propre sperme, qu'il se goûte et qu'il avale.*

Branlette espagnole

Katia. La cravate de notaire

Ma caresse de prédilection, c'est la cravate de notaire. Celles qui croient qu'il faut absolument avoir un bonnet D pour que le mec prenne du plaisir se trompent ! J'ai une petite poitrine, mais je n'ai jamais eu aucune plainte... Incontournable, à mon avis, la vaseline, ou un corps gras, mais sans parfum, pour éviter de malmener le gland, fragile, en le frottant sur une peau sèche. Je fais asseoir le mec sur le bord d'un lit ou sur un fauteuil et je resserre mes seins pour ménager une belle gorge rebondie et glissante au sexe du mec. Je me place à genoux, suffisamment près pour que mes seins épousent bien son sexe, et je le frotte doucement, de haut en bas. J'adore voir son sexe décalotté et luisant surgir de mes seins pour s'engouffrer ensuite et le voir disparaître à nouveau entre mes seins... Je descends parfois jusqu'à porter son sexe à ma bouche et je l'avale jusqu'au fond de ma gorge, le ressors et le replonge entre mes seins. J'aime bien le branler contre ma poitrine, jusqu'à la faire trembler un peu. Ma récompense ultime, c'est quand le mec jouit sur ma poitrine, mon cou...

ÇA ME DÉGOÛTE, ÇA ME CHOQUE

Raphaëlle. Il m'a bavé dans la bouche

J'ai rencontré un mec dans le cadre d'un voyage professionnel d'une journée/une nuit. On a dîné l'un à côté de l'autre au milieu de 50 personnes, on s'est plu tout de suite à la folie, les autres n'existaient plus. Le soir même, il est venu dans ma chambre d'hôtel et on a fait l'amour vraiment bien, à fond, en s'amusant, en essayant plein de choses, lumière allumée, lumière éteinte, j'ai pas eu de problème pour lui faire accepter la capote, bref, tout allait bien. Et à un moment, dans l'euphorie de l'instant, alors que j'avais la bouche entrouverte, il m'a carrément bavé dedans. J'avais envie de cracher mais c'était sans l'élan donné au crachat, sans aucune notion de mépris ou quoi, au contraire, il m'a dit bien plus tard (quand j'ai accepté d'écouter un de ses nombreux messages auxquels je n'ai jamais donné suite) que c'était juste pour que je goûte ses fluides, qu'on soit en osmose. L'osmose je veux bien, les fluides pendant qu'on se roule une pelle d'accord, mais vraiment le filet de bave, faut pas exagérer. Alors je t'explique que j'ai eu un haut-le-cœur direct, ça m'a fait redescendre instantanément, j'ai viré le mec et je suis allée gerber dans la salle de bains. J'ai éjecté le gars de ma piaule et je ne lui ai jamais reparlé, je ne l'ai jamais revu. Le lendemain, dans le train qui me ramenait à Paris, je repensais à sa grosse queue, à son regard vraiment intense, à ses gestes doux, mais tout ça était balayé par son « dérapage ».

♥ Iris. Ma photo dans le portable de ses meilleurs potes

Il y a quelque temps, j'ai appris que mon copain (maintenant mon ex) avait fait circuler deux photos de moi à poil. Ça m'a vraiment glacée d'horreur, et sa réaction encore plus quand je le lui ai reproché : « Mais c'est vraiment pas grave pourquoi tu te mets dans des états pareils ? » On avait fait ces images un jour, avec son téléphone portable, juste pour rigoler. Il les a envoyées ensuite à ses deux meilleurs amis, en mms ! Il paraît que c'était un pari. J'espère qu'il avait un truc intéressant à gagner parce que moi, il m'a perdue.

Marie-Cécile. Une fessée de trop

On jouait souvent à la fessée, mais le deal était clair : je voulais bien en recevoir une, même un peu fort, uniquement quand je donnais le feu vert. Un jour, Eric, avec qui j'étais depuis 6 mois, m'a couru après dans tout l'appart pour me fesser et j'étais très en colère parce que pas du tout dans le trip. Il a fini par y arriver et a même rajouté une gifle, sûrement pour faire bonne mesure et rappeler qui était le chef de nous deux. J'ai claqué la porte, le lendemain pendant qu'il bossait je suis venue reprendre toutes mes affaires et il ne m'a jamais revue.

> ♥ **Marie-Ève. Il tire les cheveux**
> Mon copain a la sale manie de me tirer les cheveux quand il est full excité. Il essaie de se contenir parce que je lui ai répété 300 fois que c'était douloureux, chiant, vexant, pas approprié, pas excitant, bref, hors sujet. Mais parfois c'est plus fort que lui, il recommence, comme si j'étais une femme préhistorique et qu'il me traînait dans la caverne. Je rêve !

Virgilia. La sonnerie de son phone, c'était moi en plein orgasme !
Mon ex avait enregistré l'un de nos ébats de A à Z un soir (j'étais ok). Sous forme MP3, donc numérique ! Quand on a réécouté le truc, après, j'étais fascinée de nous entendre, j'avais l'impression de tout revivre, chaque geste, chaque sensation. Il m'a donné une copie du fichier que j'ai installée sur mon ordinateur. Et puis plus tard, on s'est séparés. Récemment, on s'est retrouvés à une soirée chez des amis. À part quelques petites tensions au début, nos retrouvailles se sont plutôt bien passées. Jusqu'à ce que son portable sonne, et j'ai clairement reconnu la séquence pendant laquelle j'avais joui lors de l'enregistrement. Il n'a pas osé me regarder (heureusement) et personne n'a compris pourquoi j'ai commencé à l'agresser

verbalement en milieu de soirée. Mais tout le monde a rigolé en entendant sa « sonnerie » et quelques commentaires d'une grande finesse, que je t'épargnerai, ont fusé. C'était il y a des mois. Aujourd'hui, il m'arrive de réécouter un petit bout de l'enregistrement et ça me fait à chaque fois bizarre. Comme si pendant cette parenthèse, lui et moi étions toujours ensemble (alors que je ne regrette pas du tout notre séparation). C'est un peu maso, je trouve, de garder les photos ou des « morceaux de vie » avec ses ex, on se fait toujours du mal. J'avais aussi gardé une mèche de ses cheveux mais j'ai fini par la balancer.

♥ Julia. Le sexe au téléphone… nul

J'ai détesté un épisode bizarre pendant lequel mon mari se croyait excitant à m'appeler dans la journée aux moments les plus incongrus (en pleine réunion de travail, par exemple, ou pendant que j'étais au volant de ma voiture) pour me raconter des trucs cochons censés m'exciter. Au début il essayait de me faire participer : « Glisse ta main sous ta jupe », et comme il a vu que ça ne marchait pas, il a changé de tactique en me listant par le menu tout ce que j'allais subir le soir : « Je vais te prendre comme ci, t'enfiler comme ça »… Résultat quand je rentrais le soir j'étais gênée, pas du tout excitée – notamment par manque de spontanéité – et j'ai fini par lui dire un jour que vraiment, c'était pas génial cette trouvaille, qu'on était tellement mieux avant, que je trouvais ça un peu ridicule et niais comme

« jeu », que dans la journée j'avais vraiment la tête ailleurs, bref, que je ne voyais pas l'intérêt. Il a fini par m'avouer qu'il suivait les conseils d'un bouquin dans lequel une sexologue préconisait ce genre de plan pour « entretenir la flamme ». On a fini par convenir tous les deux que c'était bien comme histoire à écrire, dans un roman, mais que c'était pas du tout adapté à la vraie vie.

Amandine. Il m'a forcée à mater un porno

Il a loué un porno et m'a forcée à le mater avec lui. Il avait dû croire que ça serait excitant pour nous deux. En fait le flop total. Et si j'ai pas accroché ou que j'en ai gardé une trace (pas de sperme, de rancœur !) c'est pas du tout à cause de ce foutu porno (j'en ai vu plusieurs des films de ce genre, mais entre copines, en d'autres circonstances, je trouve qu'en couple c'est pas très adapté même si chacun fait ce qu'il veut), mais parce qu'il m'a obligée.

Martina. Je l'ai trouvé la bite à la main

Gros choc l'année dernière. Je vis dans une grande maison avec Stéphane, on a 2 enfants. Un soir, alors que je sais que Stéphane travaille très tard sur l'ordinateur (il bosse pour de vrai d'habitude ! Il ramène toujours des dossiers de 16 kilos le soir, à la maison), je descends en douce dans la salle d'ordi sur le coup des minuit. Et là je vois mon Stéphane la bite à la main, le téléphone sur kit main libre et j'entends une voix féminine raconter des cochonneries. Il tourne le dos à la porte et je distingue sur l'écran d'ordinateur une espèce de « placard » de texte avec des grandes cases, j'en déduis qu'il tchatait avec cette fille et qu'ils se sont appelés pour continuer leur petite affaire. Ça m'a terriblement choquée. Pas qu'il se masturbe (je sais bien qu'il le fait, moi aussi d'ailleurs, et forcément pour faciliter il pense à des femmes nues), mais parce qu'il le fait là, sous notre toit, avec une autre en vrai, et quelqu'un qu'il ne connaît pas en plus, alors que moi je suis là ! Et que je suis toujours d'accord pour une petite galipette ! C'est donc un sentiment de dégoût et d'incompréhension qui m'a accompagnée jusqu'à mon retour dans le lit. J'ai rien dit pendant plusieurs jours tellement le choc était violent, et puis j'ai fini par tout lâcher. Il avait l'air embêté mais il n'a pas nié, il a juste dit que c'était exceptionnel, qu'en effet c'était une parfaite inconnue, qu'il avait juste eu envie de s'amuser mais qu'il comprenait que je n'appréciais pas et qu'il ne le referait plus. Je le crois sur toute la ligne et pourtant… ça me laisse un sale goût dans la bouche et la certitude qu'on ne connaît pas les gens avec qui on vit, jamais. C'est assez perturbant quand tu y réfléchis.

Jenny. Le manque de respect

Ce qui me dégoûte c'est les mecs qui te traitaient comme une reine « avant » (de coucher) et qui, à la seconde d'après, fument leur clope (sans te demander si ça te dérange), appellent leur meilleur pote pour aller faire un tour de scooter, allument la télé et zappent comme des malades, bref, se comportent comme si tu n'étais plus là.

♥ **Valérie. Les mecs qui manquent d'à-propos**
Tu as tes règles ? Le mec au lieu de te traiter avec douceur attaque une sodomie féroce. Tu ne te sens pas bien, nauséeuse ? Rien à battre, il approche son engin de ta bouche, alors que tu as déjà la gerbe. Tu as dit une fois que tu aimais bien une petite claque sur les fesses ? Il renouvelle le truc à chaque fois, sans distinguer le bon moment ni la bonne force. Bref, le pauvre mec.

Capote

Floriane. Une lutte permanente
C'est toujours et encore une lutte pour faire mettre un préservatif à un mec. Ça, c'est un peu lourd. L'autre truc aussi, qui revient souvent, c'est que les mecs s'épilent de plus en plus le sexe, et réclament la même chose des nanas. J'espère que cette mode va passer, c'est assez pénible.

♥ **Johana. Pas cliente pour le polichinelle dans le tiroir**
Les capotes, c'est un gros, gros problème quand tu viens de rencontrer un mec. Parce que voilà ce qui se passe : si tu en as sur toi, tu passes pour une salope. Si tu n'en as pas, tu peux être à peu près sûre que lui, il sait à peine où ça s'achète donc il en aura pas non plus. Acte 2 : si le gars en parle ou dégaine son préservatif, tout va bien, tu es soulagée, ça ne va pas faire un drame. Si c'est pas le cas, à tous les coups tu as affaire à un gars hostile ou indifférent, ce qui est pire. Et là,

pour peu que ce mec tu l'aies cherché pendant des mois, tu comprends bien que t'as pas du tout envie de le faire fuir. Donc, tu fermes ta bouche, et pendant tout le temps où il est en toi, tu te dis « merde, merde, merde et merde » et tu cours après à la pharmacie pour au moins limiter les dégâts avec la pilule du lendemain. Histoire d'éviter le polichinelle dans le tiroir. Mais les MST… c'est pour ta pomme.

Louise. Sans capote c'est de l'inconscience
Je me suis fritée avec ma meilleure amie parce qu'elle vient de rencontrer un mec et qu'elle n'a pas utilisé de capote, sous prétexte que « ça gêne monsieur ». Je rêve ! Je n'accepte pas ça, c'est carrément inconscient.

Céline. C'est pas un drame
Franchement les capotes, y a pas de quoi en faire un drame. Surtout si tu rajoutes du lubrifiant.

Cécile. Merci petit Jésus !
L'autre jour, un mec me dit : « On va mettre le petit Jésus dans la crèche ? », j'ai dit oui en comprenant vaguement ce qui allait se passer mais j'ai pas eu le courage d'imposer la capote, franchement tu imagines un petit Jésus emmailloté dans un sac plastique ? Et voilà, je me suis maudite après pendant des jours et des jours. Même si j'ai jamais eu de problème suite à ce dérapage, moi qui suis habituellement hyper sérieuse, je me suis demandée pourquoi là, ça avait flotté. Pas de réponse. L'impression (fausse bien sûr) qu'il n'y aurait pas de problème. Bref, à côté de la plaque, la fille.

♥ **Nathalie. Un jeu**
C'est toujours délicat le moment où le mec doit mettre une capote, alors je me suis entraînée seule chez moi pour l'enfiler avec la bouche. C'est rigolo et ils adorent...

Caresse

Céline. Prête à tout
J'adore qu'on me caresse pendant des heures quand je suis allongée sur le ventre. Après, je ferai tout ce que vous voudrez.

Ce qu'il n'aurait jamais dû me dire

« Si tu es avec moi, tu dois aussi apprécier mes amis et ma famille. Sinon, c'est que tu ne m'aimes pas vraiment. »

« Si on doit se séparer un jour, tu sais que tu ne reverras jamais mes amis. Ce sont les miens, ils resteront dans mon camp. »

« Tu es trop superficielle. »

« Tu mérites de rencontrer quelqu'un qui t'aimera vraiment. »

« "Petit chou", "bébé amour", ce genre de truc m'horripile, même "chérie" je trouve ça dépassé. »

« Vivre ensemble ? Pour quoi faire ? »

« Ma mère m'avait dit que tu ne me méritais pas. »

- « Tu finiras toute seule. »
- « Je ne suis pas amoureux. Mais je t'aime bien, hein ! »
- « Je me sens plus seul avec toi que quand je suis seul. »
- « Tu ne m'apportes rien. »
- « Tu ne sais pas non plus faire la cuisine ? »
- « Moi j'ai un vrai métier » (il est médecin, je suis fleuriste).
- « à part ménagère de moins de 50 ans, je ne vois pas ce que tu pourrais faire d'autre. »
- « T'as une tranche de jambon persillé hyperfine à la place du cerveau. Tellement fine qu'on voit à travers. »
- « J'aimerais être seul, tu comprends ? SEUL ! »
- « Je ne sais plus où j'en suis avec toi, ni avec moi d'ailleurs. »
- « Je couche avec une autre fille. »
- « On n'est pas sexuellement compatibles. »
- « Je crois qu'en fait on n'a rien à faire ensemble. »
- « Toi, t'as besoin d'un mec qui t'entretienne. »
- « On ne pourra jamais vivre ensemble, je ne veux pas d'enfant. Ni de femme. »
- « Je ne veux pas que tu t'attaches à moi. »
- « Je ne veux pas te faire de mal. »
- « Quand on ne se voit pas, tu ne me manques pas. »
- « Quand on est ensemble, je m'ennuie. »
- « Comment tu t'appelles déjà ? » (un lendemain de cuite)

« On a fait le tour. »

« Oh là là ! faut que j'y aille, excuse-moi j'étais bourré » (un autre lendemain de cuite).

« Je regarde la Star Ac, je m'ennuie, tu voudrais pas qu'on se voie ? »

« Attends, j'ai un deuxième appel, je te rappelle dans 2 minutes » (j'attends toujours, c'était il y a 4 ans).

« Je t'aime trop, je t'admire trop, je te respecte trop pour te baiser. »

« Tu m'étouffes. »

« Non, ça, toi, je risque pas de te voir que pour le cul… si c'était le cas, on ne se verrait plus. »

« Arrête de me demander toutes les 2 secondes si je t'aime, si je suis bien avec toi, si je vais bien, si j'ai passé une bonne journée. Oui je vais très bien et oui je passe des bonnes journées, je dors bien, tout va bien. Merde. »

CORPS : LES TRUCS « BIZARRES » DONT ON NE PARLE QU'ENTRE FILLES

Nathalie. Sucette au miel

J'ai eu une relation extraconjugale avec un homme qui travaillait dans la même entreprise que moi. On a passé un mois à s'attraper dans les coins de parking, à flirter frénétiquement dans la voiture à chaque fois qu'on pouvait s'extraire de nos vies professionnelles et personnelles, c'était très chaud. Et puis on a décidé de trouver un hôtel. Tout était au point, il avait choisi un hôtel très cosy (et très cher), une chambre sous les toits dans un quartier branché ; j'avais pris un sac de voyage pour ne pas qu'on lise sur mon front en lettres de feu « femme adultère », mais les employés de l'hôtel ont été très discrets et j'ai frappé à la porte de la chambre sans encombre. On s'est jeté l'un sur l'autre, libérant toute la frustration des dernières semaines, c'était magique ! Comme si nos corps avaient été conçus pour s'emboîter parfaitement, on a fait l'amour comme des fous, dans tous les sens sans retenue ni gêne. Et puis on a refait l'amour et j'ai eu envie de prendre son sexe dans ma bouche. J'aimais son corps, sa peau, mais quand j'ai approché ma bouche de son sexe, j'ai été saisie par une odeur, comment dire, écoeurante. Son sexe était… sucré. Oui, une odeur de miel, qui aurait pu être agréable, mais non, trop sucrée, presque sure. J'ai essayé de penser à autre chose, à l'envie que j'avais de lui donner du plaisir de cette façon, mais rien à faire, j'avais des hauts-le-cœur dès que je léchais son sexe. C'était mécanique, dès que je sentais cette odeur chaude de sucre mélangée à la sueur, une envie pressante de vomir me prenait les tripes. J'ai pu passer à autre chose, car nous avions des caresses en retard, mais la seule idée de cette odeur m'a un peu fait « redescendre ». Lorsqu'il m'a demandé quand on se refaisait une parenthèse de bonheur, j'ai prétexté être rattrapée par la culpabilité de tromper mon mari pour mettre fin à cette histoire.

♥ Laurence. Trou d'air

J'ai rencontré Charles dans un dîner professionnel. Nous étions placés l'un à côté de l'autre et entourés d'éminences toutes plus ennuyeuses les unes que les autres. Très vite, nous avons trouvé un terrain d'entente en nous moquant en aparté de la suffisance de nos voisins de table. Il avait beaucoup d'humour, nous avons ri comme des mômes en buvant plus qu'il n'aurait fallu. Il avait un petit côté vieille France un peu désuet qui me changeait grandement de la plupart des jeunes hommes d'aujourd'hui. Il m'a proposé de quitter « tous ces barbons » et d'aller boire un dernier verre au piano-bar d'un grand hôtel qu'il affectionnait. Sur le chemin, la séduction a fait le reste et nous avons décidé d'aller chez lui : un loft de célibataire dans l'île Saint-Louis… le rêve ! On a flirté, puis fait l'amour dans son lit à baldaquin, j'étais soûle, c'était divin. Il a ouvert une bouteille de champagne et nous avons refait l'amour. J'étais sur le dos, il m'avait glissé un oreiller sous les reins et tandis qu'il me pénétrait fougueusement, il s'est retiré et au moment où il a à nouveau plongé son sexe dans le mien, mon vagin a produit un bruit… horrible ! Un genre de flatulence sonore qui a raisonné dans la pièce silencieuse… la honte de ma vie !!! J'étais tellement gênée que je ne trouvais rien à dire et je me suis tournée sur le côté en cachant mon visage dans les draps. Impossible de penser à autre chose, j'entendais ce bruit incongru se répéter (c'est le mot qui convient !) sans cesse, et je n'osais plus accrocher le regard de Charles. Il s'est levé pour aller chercher une cigarette et est revenu avec… un verre. Il me l'a tendu, c'était de la citrate de bétaïne ! Il pensait que j'avais des gaz ! Rien que ça ! Ça m'a dégrisée instantanément ! Même pas trouvé la force de lui expliquer que c'était sans doute dû à la position que nous avions adoptée et que c'était juste un appel d'air, j'étais trop vexée !

CUNNILINGUS

Jennifer. Ridicule

Je n'aime pas trop que mon mari m'embrasse entre les jambes. Disons que quelques coups de langue suffisent pour que je me sente bien lubrifiée, mais je n'ai pas plus de plaisir que ça. Je suis un peu gênée qu'il sente mon odeur, mon goût. Je ne sais pas trop ce qu'il en pense, s'il aime ça ou pas. Mais, par exemple, je trouve ça ridicule si j'ouvre les yeux de le voir là, la tête entre mes jambes ! Alors d'accord juste pour lubrifier, au-delà, passons à autre chose.

♥ Nathalie. Chacun son tour

J'aime que mon copain me lèche. En fait, j'ai l'impression qu'il me masse avec sa langue, ses lèvres, et même son menton. Il serre mes fesses dans ses mains et ça m'excite. Je sens à ces coups de langue que l'excitation le gagne lui aussi. Il ne faut surtout pas qu'il s'arrête pour me regarder ou quoi, sinon tout le désir retombe (ou presque !). S'il me met un doigt dans le vagin, ça ne me fait pas particulièrement d'effet. Je préfère qu'il tienne mes fesses, ou qu'il me pince les tétons. Ce qui me frustre dans le cunni, c'est que je ne peux pas le caresser, pas le toucher parce qu'il est trop loin, à moins de nous mettre en 69. Là, j'ai déjà beaucoup plus de mal à me concentrer, et sur ce que je lui fais, et sur mes sensations. Alors, on alterne chacun son tour.

Candice. Zen attitude

J'aime quand mon copain dessine des cercles avec sa langue autour de mon clito et quand il l'aspire très fort. Il fait un peu comme s'il le « mâchouillait » avec sa langue, je trouve ça très doux J'aime bien qu'il écarte beaucoup mes jambes, j'ai l'impression qu'il me prend mieux dans sa bouche. Je peux jouir sous ses coups de langue sans problème s'ils sont constants. Je veux dire qu'il ne faut pas qu'il change d'endroit et de rythme toutes les 30 secondes, sinon, je repars à chaque fois à zéro. Avant, mon ex me mettait entre les jambes une langue toute rigide, toute dure, c'était désagréable, à la limite du douloureux parfois. En fait, il touchait directement mon clitoris, sans rester sur son capuchon, et franchement, ça fait mal !

Natacha. Je préfère assise

Ce que j'aime avec la langue, c'est que je trouve que toutes les sensations prennent une autre dimension ; les caresses sont plus humides, plus légères, plus douces. Par rapport aux doigts, le contact est plus agile, plus curieuse. Je préfère qu'il me suce quand je suis assise, parce que je peux mieux bouger pour venir à sa rencontre. Je me sens moins passive. Je frotte mon clitoris sur sa bouche, contre sa langue et ses dents. J'aime qu'il me mette un doigt dans le vagin : je me sens hyper « ouverte », comme une preuve de désir, de plaisir.

S'il me fait jouir comme ça, il m'arrive de me sentir un peu « frustrée » parce qu'il n'est pas venu en moi. J'ai besoin de sentir son sexe dans moi, ça n'a quand même rien à voir avec un doigt !

Florence. Ni agréable ni désagréable

Je ne suis pas partisane du cunni. Je ne me sens pas à l'aise dans cette position, je me demande toujours s'il aime me le faire, comment il trouve mon goût, si ça ne sent pas trop fort. En fait, je voudrais bien savoir s'il trouve que mon sexe est beau. Personnellement, je trouve qu'un sexe de femme est assez laid, alors j'aimerais bien qu'il vienne contrecarrer les idées à ce sujet. Mais on ne parle pas trop de ce genre de choses. En plus, quand il me lèche, je ne l'ai pas à portée de main pour le caresser, et du coup, je me sens un peu seule. Je dirais que c'est ni agréable ni désagréable.

Valérie. Pas la première fois

J'aime bien qu'on me fasse un cunni, mais je ne le pratique pas avec n'importe qui. Pas avec un mec pour un soir par exemple. J'ai besoin de me sentir à l'aise avec mon partenaire. Ce n'est pas un truc à me faire la première nuit, je ne suis pas assez détendue pour en profiter ! Pareil si je sens que le mec ne prend pas de plaisir à me lécher. J'aime bien s'il appuie son menton contre ma vulve en stimulant mon clito avec sa langue. Alors là, je « pars » facilement.

Alicia. Langue magique

La meilleure relation de ma vie, c'était avec un impuissant. Que des préliminaires, de la tendresse, de la douceur, et ce mec avait un truc magique dans la bouche pour les cunnis que je n'ai jamais retrouvé chez aucun autre homme. Je recommence quand vous voulez.

♥ Léonie. L'horreur
Un cunni mal fait, c'est comme une craie qui crisse sur un tableau. Ou un morceau de papier alu dans la bouche. C'est comme si on te caressait à rebrousse-poil.

ÉCHANGISME

Candice. Comme si de rien n'était
J'ai fait l'amour avec deux bons copains en même temps. On a presque tout essayé sauf la double pénétration. Je leur ai fait des fellations à tous les deux, à tour de rôle et à un moment, j'ai eu les deux pénis dans la bouche en même temps, ce qui était assez acrobatique et pas hyper pratique, mais très excitant ! Et visiblement autant pour eux que pour moi. Ensuite, ils m'ont pénétrée vaginalement chacun leur tour. Je n'étais pas suffisamment à l'aise pour pratiquer une sodomie… Le lendemain matin, c'était comme si de rien n'était. On est toujours amis, on se revoit de temps en temps, cette histoire ne nous pose aucun problème.

♥ Pascale. Du mal à faire deux choses à la fois
J'ai eu un petit extra avec le meilleur pote de mon copain. Ce qui m'a plu, c'est d'avoir deux hommes tout à moi, ils étaient très attentifs à ce que je

ressentais. Ce n'était pas du tout comme dans les films X, genre sauvage et bestial. Ils me caressaient, prenaient le temps de me donner du plaisir. Je les ai pris l'un après l'autre et j'ai eu un orgasme avec le second. Je suçais vaguement l'un pendant que l'autre était en moi. Je dis « vaguement » parce que j'ai quand même du mal à faire deux choses à la fois, surtout dans ce domaine !

Natacha. Échange complice

J'ai déjà eu des relations à plusieurs. En fait j'en retire du plaisir à différents niveaux : d'abord, j'aime sucer, donc quand je pipe un homme sous le regard de mon mari, j'en profite d'un point de vue personnel, et aussi parce que je sais que mon chéri apprécie de me voir faire ça. C'est pareil si je fais l'amour avec un autre. Voir mon mari me regarder et se tendre de désir, c'est agréable. Ça fait monter le plaisir psychologiquement et ça se ressent donc physiquement... Ce que je trouve important, c'est la complicité et le fait de partager un même plaisir, même si nous ne sommes pas « ensemble » dans l'acte. Par contre, on évite de faire ça avec des amis ou des gens de notre entourage. En général, ce sont des personnes qu'on ne revoit pas. C'est important de considérer l'acte comme un jeu, sans plus.

Maud. Pas avec un inconnu

Mon copain et moi avons eu une liaison avec un pote. Enfin, surtout moi parce que lui ne voulait pas avoir de contact avec l'autre homme, ce que je peux comprendre. Je fantasmais depuis quelque temps sur la double pénétration, et mon ami, qui était au courant (on aime bien parler de nos petits fantasmes) m'a proposé de réaliser ce trip, j'ai accepté. C'était très excitant, tout s'est très bien passé, mon copain m'a sodomisée et l'autre s'est mis devant. Mais heureusement que nous connaissions ce mec, et que mon copain était là, sinon, je n'aurai jamais été si à l'aise (je veux dire avec deux inconnus). Par contre, même si j'y ai pris du plaisir, je n'ai pas du tout envie de récidiver. En fait, je trouve que l'avoir fait une fois est suffisant. Quand nous en reparlons, ça nous excite, nous avons un secret peu ordinaire commun, mais le reste de notre sexualité, c'est entre nous deux que ça se passe.

Murielle. Voyeurisme

L'été dernier, on était sur une plage où tout le monde baisait, suçait ou touchait son voisin. Si si, ça existe, en France même ! On n'a pas approché nos voisins, mais à force de voir ces corps nus, tous les gens les uns emmêlés aux autres, on s'est senti drôlement excités ! On a commencé par se caresser gentiment, comme à la plage, sans plus, puis on allait se baigner, on se titillait encore, on a bien essayé de bouquiner un peu, et finalement, on s'est laissé tenter. On a fait l'amour sur nos serviettes, au milieu de cette plage, avec plein de gens qui faisaient comme nous tout autour. C'était hallucinant de les voir, qu'ils nous voient. L'acte en lui-même n'a pas duré hyper longtemps parce qu'on « l'avait bien cherché », mais c'était génialissime. Ensuite, on est parti très vite parce qu'après l'orgasme, ça paraît vraiment déplacé tous ces gens qui forniquent, ça faisait un peu étalage de viande.

Faire l'amour

Laurence. La pénétration, une conquête, les autres pratiques, de la tendresse

Quand le mec te pénètre, il y a un côté sauvage, toujours un peu brutal (même si agréable). Tu sens que le mec veut te conquérir. Alors que quand tu en restes aux caresses, cunni et compagnie, c'est comme un rêve qui t'enveloppe, tu perds la notion du temps, tu es comme Peter Pan qui survole les villes, qui est dans le même monde que toi mais pas avec les mêmes contraintes : tout est plus doux, plus lent, plus génial. J'aime bien les deux, pénétration ou pas, mais j'apprécie en tout cas beaucoup les moments où, pour une raison ou une autre, on ne peut pas aller jusque-là (pendant les règles par exemple).

Isa. One shot : juste une nuit

Avec le one shot, il ne s'agit ni d'un coup de foudre, ni d'un coup en passant. Juste d'une aventure de quelques heures, mais avec tendresse et émotion s'il vous plaît. D'accord, c'est seulement une (portion de) nuit, mais pas n'importe laquelle. Pas le genre de plan où on se réveille au cœur des ténèbres et où on s'habille vite fait en se demandant comment on a atterri là. Le one shot ça peut vous tomber dessus au travail, dans la rue, au resto. Vous pouvez plonger les deux pieds dedans (et le reste suit très très vite) que vous soyez célibataire, en couple ou mariée, du genre « cœur d'artichaut » ou « mur de glace », que vous mourriez d'ennui ou que vous soyez ultra speed.

Le prototype même du one shot ? Le meilleur ami de votre ami est vraiment chouette. Pas parfait mais chouette. Il est marié, il aime sa femme, donc un point commun avec vous. Et un jour de fête arrosée, on ne sait pas trop comment, « ça se passe ». Dès le lendemain, tout rentre dans l'ordre, vous vous faites à nouveau la bise, aucun des deux ne souhaite recommencer. Même histoire avec le gentil collègue de bureau qui ne cherche pas à vous draguer mais vous vous entendez bien, est-ce un crime ? Et un vendredi de RTT, après la cantine en face de l'hôtel Ibis, vous décidez de traverser la rue (dans les clous).

Attention : il faut « maîtriser », ne pas se faire de films ni de plans sur la comète. C'était bien, c'était bon, ça sentait le sable chaud, et surtout c'est derrière maintenant.

Où l'on découvre qu'on peut tomber dingue amoureux(se) pour quelques heures. Et alors ?

Vania. Fais à l'autre ce que tu voudrais qu'il te fasse

J'ai l'impression de me calquer sur le mec, surtout pour un one shot. Les mecs se plaignent qu'on ne suce pas tout de suite, qu'on ne fait pas ci ou ça, alors qu'ils nous prennent la tête (au sens premier du terme) et nous la descendent juste à hauteur, histoire de bien nous faire comprendre ce qu'ils attendent. Mais de leur côté, font-ils, eux, ce dont nous aurions envie ? Je me souviens de ce mec qui m'a léchée disons 4 secondes montre en main et qui s'étonnait (avec agressivité) que je ne lui rende pas la pareille (jusqu'à prendre son jus dans la bouche, s'entend). La réciprocité et la confiance sont les seules voies pour amener en douceur au plaisir et aux expériences. La plus timide des filles pourra laisser s'envoler sa peur si elle est avec un mec très doux qui l'excite. Je n'ai pas dit « patient », j'ai dit « excitant », donc à l'écoute, finalement. Dans ces conditions alors oui, sucer c'est logique, même le premier soir. Tout est question de ce qu'on est prêt à offrir. Pour ma part, je pense qu'on peut tout donner dès le premier soir, ça ne veut pas du tout dire qu'on n'aura plus rien à offrir ensuite, au contraire ! C'est un cadeau à chaque fois renouvelé. Le notion de première nuit j'embrasse, deuxième nuit je me laisse caresser les seins, la troisième j'écarte un peu les cuisses… c'est un peu passéiste comme vision non ?

♥ Estelle. Question de rythme

J'ai rencontré Nicolas il y a quatre mois. Classique, mais tellement bon, on riait des mêmes choses, on avait beaucoup de goûts musicaux en commun, bref, on était sur la même longueur d'ondes. Côté sexe, même entente, on était toujours accrochés l'un à l'autre, à se toucher, s'embrasser et il ne se passait pas un jour sans qu'on fasse l'amour. Notre relation s'est installée, je lui ai présenté mes ami(e)s, lui les siens ; tout baignait, comme on dit. Et puis, un jour, nous fêtions nos « 1 mois » de liaison autour d'une coupe de champagne, et la griserie aidant, je me fais câline et tente de l'entraîner dans la chambre. Nicolas s'est alors détaché de mes bras et s'est mis à parler de son boulot.

Je l'ai écouté, lui ai donné les conseils que je pouvais et l'ai encouragé à ne pas se laisser miner par ses soucis. Puis je suis revenue à la charge, en m'asseyant à califourchon sur lui. Il m'a regardée dans les yeux et m'a dit qu'il fallait qu'on parle… J'étais très décontenancée par son air tellement sérieux, j'ai même cru un instant qu'il voulait qu'on se sépare. Je lui dis : « je t'écoute », un peu sur mes gardes ; il me répond qu'il a rarement été aussi heureux avec quelqu'un, que notre relation lui apporte tout ce qu'il a longtemps espéré, à savoir la connivence d'une amie alliée à des sentiments amoureux très forts, mais… Car il y avait un mais… Mais qu'il n'était pas très à l'aise avec ma « frénésie sexuelle » (sic !)… J'étais un peu cueillie, mais très amoureuse, donc je lui ai demandé calmement de s'expliquer. Il m'a dit que c'était très agréable quand nous faisions l'amour, mais qu'à son goût c'était trop souvent. J'ai essayé de ne pas me vexer et lui ai demandé quel serait le rythme idéal pour lui… Il semblait ravi que je le prenne comme ça et m'a répondu, sans gêne aucune : tous les 10 jours, ce serait parfait ! J'avoue que ça m'a fait descendre direct de mon nuage… Je n'ai rien montré de ma déception car lui semblait totalement libéré d'avoir parlé et m'a expliqué que ça n'enlevait rien à la force de ses sentiments. J'ai été tentée de lui demander s'il avait prévu un calendrier des jours « avec », mais j'ai appris à me méfier de mes réactions trop impulsives ; j'ai prétexté une course à faire et je suis allée réfléchir à tout ça au café de coin. J'ai pesé le pour et le contre et suis arrivée à la conclusion que je devais donner une chance à notre histoire. Depuis, nous continuons de nous câliner, mais nous faisons l'amour… tous les 10 jours (plutôt tous les 12 à 15 jours), et Nicolas semble parfaitement épanoui. Moi, je suis très frustrée et il m'arrive d'avoir envie de tout envoyer balader, au risque de perdre ce que j'ai longtemps cherché…

Catherine. Question
Se passer de pénétration ? Mais pourquoi ?

Claire. Maniement du clito
Souvent, je me caresse pendant la pénétration, ça ne dérange pas mon copain, parfois c'est lui qui s'en charge et même si j'adore ça, il est un peu moins doué que moi pour ce qui est de « manier le clito ». Ça m'excite beaucoup mais le souci pour moi est que je jouis quand le rythme est lent et jamais rapide. Lui, c'est l'inverse. Je jouis toujours en premier du coup.

Maud. Ne changez pas de rythme
Avoir de l'expérience, ça me fait bien rigoler. Parce qu'en fait à chaque fois qu'on fait l'amour avec quelqu'un de nouveau, justement, c'est nouveau. Donc l'expérience ne compte pas. La preuve, on tombe sur des jeunes mecs doux, attentionnés et compétents, alors que certains hommes plus âgés ne valent pas un cachou. Je pense surtout aux hommes de plus de 50 ans, qui n'ont pas été élevés dans la culture du plaisir de la femme : ils prennent le leur et s'en foutent d'en donner. Ils sont contents si ça

« a marché », mais sinon, tant pis. Donc, au début je focalisais sur les quadras et même des hommes plus âgés parce que je me disais ça va être meilleur, et en fait pas du tout. Quand à ceux qui essaient de bien faire mais qui ne sont pas doués, ça nous donne ce qui s'est passé cette nuit. J'étais avec mon mari avec qui je m'entends bien mais au lit ce n'est vraiment « pas ça ». J'ai renoncé à ce qu'il me fasse jouir en me masturbant (le clitoris). On en a un peu parlé parce qu'il en est triste, mais vraiment il est maladroit. Et cette nuit, son incapacité à toucher un clito était au top : il me branlait et quand je commençais à monter, hop ! il changeait de rythme ou de direction. À la quatrième fois je lui ai pris la main et je lui ai dit d'arrêter tout de suite de me toucher, que j'avais envie de le tuer, qu'à chaque fois je repartais de zéro, que c'était plutôt mieux les tentatives précédentes. Il est devenu honteux (rouge) et il m'a avoué avoir acheté un guide pour bien faire l'amour à une femme. Il me l'a montré, c'était écrit noir sur blanc : « Surtout variez les caresses, changez de rythme. » Et en plus c'est une femme qui avait écrit ces âneries ! J'en ai conclu qu'elle n'avait jamais fait l'amour (ou joui) de sa vie, et aussi que ce qui était dans ces bouquins c'était criminel. Ça devrait être interdit d'écrire des trucs quand on ne sait pas de quoi on parle. Surtout l'amour ! Du coup, mon homme ne bandait plus, moi je n'avais plus envie non plus, on a commencé à parler sur le lit et il m'a dit qu'il avait lu (dans un autre livre) que le plaisir vaginal n'existait pas. Il était tout déboussolé. Comme j'étais interloquée, il m'a montré le livre de poche en question. Alors là, c'est le sommet : un homme qui n'a donc pas de vagin et qui écrit ça, je me suis dit voilà pourquoi les mecs mauvais au lit restent mauvais au lit. Heureusement que je l'aime, mais c'est sûr que ça ne m'empêchera pas d'aller voir ailleurs si l'occasion se présente, et il s'en doute même si nous n'en avons jamais parlé ouvertement.

♥ Lola. Bête de sexe

Mon ex-mari était un boulimique de sexe, jamais rassasié, toujours prêt. Il me réveillait plusieurs fois chaque nuit pour faire l'amour (ou parfois ne me réveillait même pas). Nous avions quatre enfants, je travaillais et j'étais épuisée, j'aurais donné n'importe quoi pour pouvoir dormir une nuit complète, mais il ne voulait rien entendre. Un dimanche où nous nous promenions sur les quais avec les enfants, je me suis arrêtée devant un couple d'écureuils en cage. Le mâle poursuivait continuellement la petite femelle et dès qu'il arrivait à la coincer, il lui en mettait un petit coup, puis, cinq minutes après, la course reprenait, elle semblait terrorisée mais finissait toujours par se faire attraper. Cela me fascinait et, compatissante, je continuais à observer la scène. Après quelques minutes de récupération, l'écureuil reprit sa poursuite acharnée et juste au moment où il avait rattrapé la petite écureuillette qui semblait à bout de forces et résignée, elle s'est assise, tout simplement. Son mâle cherchait de tous les côtés comment il allait pouvoir la prendre puis finit par retourner dans son coin. J'avais bien enregistré la leçon et ai pu par la suite me réveiller, certes assise, mais reposée.

Céline. Avant j'avais peur des hommes, maintenant je les mange

J'ai vécu dans la crainte des garçons pendant toute mon enfance. Je ne sais pas si c'est parce que ma mère m'avait dit « surtout ne couche pas avant de te marier, ça fait trop mal. Alors qu'après le mariage, ça va ». Avec ma sœur, on était persuadées que le fait de se marier devait détendre un nerf ou quelque chose, qu'en mettant une bague au doigt, ça libérait un truc. Bref, une connerie monumentale, qui m'a fait repousser le moment du dépucelage physique très tard (25 ans) et celui du dépucelage mental encore plus longtemps (plus de 40 ans !). Aujourd'hui, j'ai l'impression que ce n'est pas le même monde ; évidemment il reste des paquets de tabous, de gens qui vivent dans la crainte de l'autre, de donner, de recevoir, de tout. Mais je trouve qu'on dialogue beaucoup plus, et rapprocher les garçons des filles comme tu le fais, grâce à ton enquête, permet de mettre à plat un tas de choses et de comprendre que l'autre en face, finalement il a autant peur que toi, et qu'il cherche grosso modo la même chose. Tu ne réalises sans doute pas à quel point cela va faire gagner du temps et du bonheur ! Maintenant je me suis complètement lâchée, je fais bien mieux l'amour qu'avant, bien plus souvent aussi. Surtout je ne considère plus le sexe d'un homme comme un truc bizarre à contenter coûte que coûte et dont il faut craindre la foudre. Non ! Je vois plutôt ça comme un morceau de corps qu'on me confie, qui ne demande qu'à exprimer son plaisir voire son amour. Un gage de plaisir, quelque chose qui est finalement à ma merci. En fait, l'inverse de quand j'étais ado ou jeune adulte, et que je me considérais, moi, comme à la merci de l'homme plus fort parce que plus musclé !

♥ Carole. MMS ou SMS ?

Mon problème avec les mecs, c'est surtout une question de rythme. Eux, c'est des MMS (matin, midi et soir) alors que moi, je suis restée à l'ancienne mode des SMS (samedi, mercredi, samedi), ça me suffit amplement…

Juliette. On pointe ou quoi ?

C'est quoi tout ce foin autour des préliminaires ? Encore un truc de sexologue. Moi, ça me gonfle, les préliminaires. Pourquoi on serait TOUS obligés de suivre le même chemin, avec tant de minutes pour ceci, tant de minutes pour cela ! On dirait un contrat, avec un nombre d'heures. On pointe ou quoi ? Un plan long et bon peut alterner avec une séance de sexe méga intense de 4 minutes chrono, et c'est cette dernière qui va te faire pétiller le cerveau.

♥ Léa. Histoire de peaux

Avec un mec tu sais tout de suite si ça va coller ou pas. Une histoire de peaux qui se parlent ou pas. Ce qui tue c'est que tu ne peux pas aller contre : un mec sublimement beau, si ta peau n'en veut pas, c'est même pas la peine. Et des fois, tu craques sur un mec qui ne te plaît pas, toujours à cause de sa peau.

Rosine. Pas touche

J'adore qu'on me touche, qu'on me caresse mais…

bizarrement pas tellement pendant qu'on fait l'amour. En fait le sexe est pour moi assez bestial et il est efficace (= plaisant) s'il est un peu brusque. Alors que la caresse est une marque d'amour, de tendresse, d'attention, que j'aime qu'on me prodigue plutôt en société, devant les autres, au cinéma, dans un taxi, au resto. Évidemment, je ne parle pas là de caresses intimes mais d'attentions, tu vois ? Je veux que les autres, tous les autres, le monde entier, sache que mon mec tient à moi. Mais dans un lit, pas trop besoin, je le sais qu'il tient à moi, sinon il n'y serait pas !

♥ Rebecca. Homo ou seulement coincé ?
Incroyable, moi je suis tombée sur LE mec sorti de l'époque romantique ! Ça fait 4 mois qu'on se connaît, on a dormi peut-être 6 fois ensemble (dans le même lit) sans qu'il me touche ! On s'embrasse, on se caresse un peu, mais dès que je vais plus loin, il me dit : « Ma chérie, ma chérie, ne t'emballe pas », ou : « Ça n'est pas sérieux ». Du coup on avait prévu d'aller à Venise et lui me disait « on le fera là-bas ». Mais quelques jours avant le départ je me suis réveillée : « C'est pas possible, je rêve, je vais pas partir en voyage avec ce mec, si c'est un mauvais coup au lit, un gars qui dort avec toi plusieurs fois sans te toucher, c'est plus que louche ». J'ai tout annulé, il était tout triste mais je lui ai demandé si par hasard il n'était pas homosexuel, il m'a juré que non. Il me parlait tout le temps de sa mère, de sa grand-mère, de sa famille en général, il adorait que je m'occupe de lui comme s'il était un petit garçon (il a 38 ans !), que je lui fasse couler un bain, que

je lui parle doucement, etc. Un cauchemar. Alors que dans la vie professionnelle c'est un garçon très directif, avec plein de responsabilités, il travaille à Bruxelles pour la Commission européenne, bref, pas la chiffe molle ! Mais moi je ne cherche pas un petit garçon, j'aime le sexe, je cherche un amant, c'est si dur à comprendre ça ? Enfin bon c'était une exception, je n'ai jamais rencontré d'autre « profil » comme celui-là. Mais je n'ai toujours pas compris ce qui s'était passé, et lui ne m'a pas convaincue avec ses « j'ai besoin de temps pour faire l'amour à une femme ». Du temps… 4 mois, c'est pas assez ?

Julia. Queue miraculeuse

En fait, très peu d'hommes aiment vraiment le sexe. Ils aiment ce qu'ils ressentent, ils s'aiment eux, mais peut-on aimer les films porno et les femmes ? Dans la majorité des cas, la vie sexuelle des couples est un fiasco, ou d'un ennui confondant. Je n'ai pas eu beaucoup d'amants, mais peu d'entre eux me restent en mémoire. Et les pires de tous sont peut-être ceux qui se croient les meilleurs. Ils te caressent avec une précision millimétrique, répètent les mêmes gestes parce que ça a « marché » la fois d'avant, le but étant systématiquement d'amener la femme à l'orgasme. Et comme il faut en même temps innover à chaque fois (ce sont les guides pratiques de sexe qui le disent), les pauvres chéris sont perdus : comment faire pareil en faisant différent. Ces livres font beaucoup de mal, je trouve, aux uns comme aux autres. On lit et on se dit « ah ça a l'air simple, ça a l'air bien » et dans la réalité, ce n'est jamais

vrai, et c'est même pire : ça ajoute le stress de la performance à celui du sexe.
Un exemple idiot, la dernière fois, j'étais avec un homme. Je voyais d'avance la fin, puisque le début était j'embrasse, je caresse, je masturbe, je lèche, je me positionne sur le corps de la fille, je la pénètre, voilà on en était là (je suis sûre que toutes les filles voient ce que je veux dire en énumérant platement toutes ces étapes), je pensais que je devais acheter absolument des packs de lait et de la semoule, et là mon Apollon me sort « t'es une belle salope ». Alors là, franchement, j'ai éclaté de rire ! Je n'avais rien fait ou presque, lui s'excitait tout seul et me sort cette phrase totalement incongrue dans ce contexte, sensée me faire grimper au 7e ciel je suppose. Du coup, mon fou rire l'a déstabilisé, mais pas au point de le faire complètement débander. Il a fini sa petite affaire (j'étais presque sèche, j'avais envie que ça s'arrête vite), et j'ai repensé à la flopée de guides de cul qu'il avait lus. Ah, c'est sûr, au moins, lui il savait que le clitoris existait et pouvait dire grosso modo comment ça fonctionnait. Mais est-ce que ça n'est pas pire ? Ce qui m'a fait pouffer de rire, c'est que ce mec est une star dans son domaine, et que l'autre fois à la télévision, il clamait son amour pour les femmes et laissait entendre, avec un petit sourire, qu'elles étaient toutes comblées par sa queue miraculeuse. Ce qui est trompeur, c'est qu'il est beau, charmant et charmeur, et je me dis qu'il y en a un paquet qui doivent tomber dans ses filets ! Maintenant, dès que je vois un mec un peu sûr de lui, ça me fait rire, c'est plus fort que moi. Surtout s'il parle des femmes en connaisseur.

FANTASMES

Sandrine. Les yeux bandés

Mon plus gros fantasme, c'est de me retrouver les yeux bandés, attachée dans une pièce, sans savoir (enfin presque) ce qui va m'arriver. Imaginer que n'importe qui peut me prendre, ou nous mater pendant qu'on fait l'amour. Les yeux bandés laissent toute la liberté à notre imaginaire. Et le fait d'être attachée, d'être entièrement à sa merci, c'est très excitant. Je sais que ça fait un peu soumise, mais j'aime ça parfois. En fait, avec mon nouveau copain, j'ai pu réaliser ce fantasme. Dans ces moments-là, je n'ai rien le droit de faire, interdiction de le caresser, et je me sens dévouée entièrement à mon plaisir, j'adore. Les fantasmes, souvent, il y en a un qui n'ose pas en parler à l'autre car il a peur de le choquer ou parce qu'il sait qu'il ne sera pas entendu. Mais quand on tombe sur un partenaire qui a le même état d'esprit, quel plaisir !

Myriam. Multifellation

Mon fantasme serait de sucer plusieurs mecs en même temps. C'est quand j'imagine leurs bites qui se touchent au bord de ma bouche que je trouve ça irrésistible. Je ne sais vraiment pas pourquoi ça m'excite comme ça ! Passer à l'acte me tenterait pas mal, mais je ne vois absolument pas les circonstances qui pourraient m'y amener, et je n'ai aucune envie d'aller dans un endroit spécialisé genre club.

Alexandra. Mater un porno

Mon fantasme est assez simple, mais je n'oserai

jamais en parler à mon copain. Voilà, je trouve que les films pornos sont parfois assez excitants, même si ce sont vraiment des navets, et j'aimerais bien faire l'amour avec mon mec devant un film porno. J'aurais l'impression de pouvoir observer d'autres couples en même temps et je trouve ça hyper excitant, alors que dans la réalité, je n'aurai pas du tout envie de « mater » comme ça des gens, ni même qu'ils puissent me regarder dans tous les sens pendant que mon copain me baise. Je n'ose pas lui en parler parce que j'ai la trouille qu'il me prenne pour une perverse.

Céline. L'amour à la plage

Mon fantasme est « débile ». Je voudrais faire l'amour sur la plage, alors que toutes mes copines m'ont dit que le sable pique et s'incruste partout, et que ce n'est pas ce qu'on s'imagine. Mais je m'en fous : j'ai envie d'essayer. L'année dernière, on a failli avec mon copain de l'époque, mais un groupe de gens est arrivé sur la plage à ce moment, et du coup, on est rentré à l'appart. Ça me fait fantasmer à cause de la liberté qu'on ressent avec la mer, et puis, c'est vachement beau une plage ! Je trouve ça romantique.

Mélissa. Caméra imaginaire

Pour moi, les fantasmes ne sont pas faits pour être réalisés, encore moins pour être racontés. Je trouve que ça leur fait perdre de leur effet. En fait, c'est juste un trip que je me fais, des images mentales qui m'aident parfois à arriver à l'orgasme, ou dont je me sers quand je me masturbe. J'imagine que je suis filmée pendant qu'on fait l'amour, en gros plan sur le feu de l'action… J'aimerais bien voir plus souvent le sexe de mon copain dans le mien, mais pour nous, les filles, ce n'est pas franchement commode. Je n'oserais pas trop raconter tout ça à mon homme, mais de toutes façons, ce n'est pas dans mes projets. Et sincèrement, je n'ai aucune envie de m'envoyer en l'air sous les caméras !

♥ Claire. Jardin secret

Je fantasme toujours quand je me masturbe. Sinon je ne monte pas au septième ciel. Par exemple j'imagine qu'il y a une ou plusieurs personnes dans la pièce qui se touchent en me regardant faire l'amour avec mon copain. Pourtant, je ne suis pas du tout exhibitionniste. Pas du genre à me balader toute nue dans l'appartement. Si je me faisais surprendre dans le feu de l'action, ça me couperait tous mes effets. Mais quand je fantasme, j'oublie tout ça ! Je suis un peu quelqu'un d'autre, je me lâche. Ça ne fait de mal à personne… Tout ça, c'est dans ma tête, ce sont mes petits secrets.

Florence. Mes fantasmes ne regardent que moi

Je ne raconte pas mes fantasmes à mon mec, non mais et puis quoi encore ? Il prendrait ça pour argent comptant ! Ça ne regarde que moi, et lui a les siens, c'est très bien comme ça ! Je m'en sers parfois quand on fait l'amour, si je sens que j'ai « du retard » sur son plaisir, ou si je ne suis pas très en forme. J'imagine qu'il me prend par devant et qu'il me pénètre avec un gode dans l'anus. Ça m'excite grave d'imaginer ça. Alors que je n'ai pas envie d'essayer. C'est pour ça que je ne veux pas lui en parler.

♥ Karine. Des images simples

Je pense à des images, comme le sexe de mon copain quand je le branle ou quand je le suce, ou à son sexe en train de rentrer dans le mien, c'est tout. Et ça suffit amplement pour me faire monter au septième ciel.

Pascale. Scénario

Pour moi, les fantasmes, ce sont des petits films que je me monte. Genre je croise un mec en forêt, j'imagine qu'on se parle, qu'il me frôle, que je le suis chez lui et qu'on fait l'amour comme des sauvages. C'est plus l'ensemble d'un scénario qu'un acte en lui-même. C'est tout ce qui se passe avant l'acte qui m'excite le plus. Quand je fantasme sans arrêt, j'ai besoin de me masturber sinon j'ai trop de désir.

♥ Gwénaëlle. Je n'ai pas de fantasme particulier

Il y a des situations que je trouve plus sensuelles ou excitantes que d'autres, mais ça ne veut rien dire de plus ; je ne vais pas particulièrement y penser pendant l'acte, ni même y repenser tout court. Pendant que je fais l'amour, c'est ce que mon copain me dit qui me stimule, des mots un peu crus, des phrases chuchotées entre deux soupirs. Mais comme il le fait dans la réalité, ce n'est pas un fantasme !

Fellation

Julia. Sucer, ça n'implique pas

C'est marrant que l'une des grandes questions entre les mecs et les nanas soit « on suce ou pas la première fois ». Pour moi, sucer ça n'a rien de vraiment perso, de vraiment intime. Bien sûr c'est un acte sexuel, pas de doute ! Mais quand je suce un mec, je lui offre du plaisir et je ne donne rien à moi, je veux dire je ne me lâche pas. Je peux même rester complètement habillée, tu vois ce que je veux dire ? En plus, je ne sais pas si c'est l'habitude ou quoi, mais justement j'ai tendance à sucer quand je veux mettre le mec à distance, parce que quand tu fais une pipe tu es sûre que le mec décolle, qu'il sera content, et toi pendant ce temps-là tu peux penser à autre chose, ça fonctionne bien. Alors que coucher, ça, oui, ça implique : tu donnes ton corps quand même ! Tu le laisses à l'appréciation de l'autre, il va même déposer un truc dedans (même si ça reste dans la capote), tu comprends c'est pas du tout la même chose. Alors coucher la première fois, pas sûr, mais sucer la première fois, sans problème !

Nathalie. Mise en bouche

Pour moi, la fellation fait partie des préliminaires et c'est ce qu'on attaque en premier... Autant dire que j'ai du plaisir à sucer mon copain. Ceci dit, quand j'étais avec quelqu'un qui n'en raffolait pas, je ne lui « imposais » pas non plus ! Pour moi, cela fait partie des pratiques « naturelles » ; dans la mesure où je prends bien son sexe dans moi, je ne vois pas pourquoi je trouverais ça sale de le prendre dans ma bouche… Il faut être logique. Le plaisir que j'en retire est très « cérébral » parce que ce que j'apprécie avant tout, c'est la jouissance qu'il ressent, mais ça ne veut pas dire que ce soit un plaisir moindre. Donner du plaisir sans en attendre en retour, ce n'est pas si courant.

Amélie. Les temps changent

Ce n'était pas évident au début de faire des fellations. J'aurais préféré manger n'importe quoi d'autre. Déjà, je ne trouve pas qu'un pénis soit forcément beau à regarder, alors à sucer, ça me donnait encore moins envie ! Mais en fait, j'ai changé de point de vue quand j'ai rencontré mon copain actuel. Si la fellation est intégrée dans un acte d'amour, ça n'a plus rien à voir. Maintenant, je suis beaucoup plus à l'aise. Et je dirai même que j'aime ça, parce que c'est lui, parce que c'est sa… et que je ne trouve plus ça dégoûtant ou porno.

Céline. Entraînement

Ma première fellation date d'il y a un an à peu près, c'était donc assez tard. Je l'ai fait parce que je me sentais prête et surtout, sur le moment, j'étais très excitée. Finalement, ce n'est pas si terrible que je l'avais imaginé pendant toutes ces années et je dirais même au contraire que ça m'a excitée encore plus. Dans la pratique, j'ai fait « comme je le sentais ». Mon copain était ravi, surtout je crois du passage à l'acte, même si ce n'était qu'un début. Maintenant, il faut que j'apprenne à mieux le connaître avec ma bouche.

Je n'ai pas osé lui lécher les testicules, ah non ! Je ne voulais pas qu'il jouisse dans ma bouche, à croire que je ne suis pas encore suffisamment décoincée pour goûter son sperme.

Fabienne. Jeux sans frontières

Avant, je me sentais rabaissée en le suçant. Il faut dire que le premier que j'ai sucé (parce qu'en plus, il l'avait réclamé !) avait les mains derrière la tête en attendant, j'ai trouvé ça limite, genre « vas-y chérie, suce-moi », bref, c'était assez nul, carrément dominateur. Ensuite, j'ai eu la phase où j'observais ses réactions. Je voyais qu'en accélérant ou ralentissant le rythme, ça lui donnait des frissons ou plus ou moins de plaisir. Ensuite, je me suis amusée à la faire monter bien haut, redescendre, dedans, dehors, souvent de façon inattendue pour l'effet de surprise ... En tout cas, maintenant, je m'amuse, ça me plaît carrément. Et je trouve ça jouissif de le sentir et de le voir prendre son pied dans ma bouche.

♥ Cécile. Quand je serai grande…

Je n'ai jamais pratiqué la fellation... Et franchement jusqu'à présent, ça ne me dit rien de faire ce genre de truc... Pour l'instant, j'ai plutôt un peu de mal à comprendre l'extase de certaines... J'ai l'impression que seul le mec doit prendre du plaisir ! Mais bon, je suis assez jeune, un peu novice et sans doute pas une référence... Et peut-être qu'en grandissant encore, je passerai à l'acte.

Agnès. Tout en technique

Pour ce qui est de mon propre plaisir, en fait la fellation ne constitue pas l'exclusivité de nos rapports (heureusement), et même si elle m'excite, mon copain n'a pas trop accès à mon corps pendant la pipe ! J'en ressors donc un peu « dans l'attente » de ses caresses. Ce que je trouve dommage, c'est qu'il n'apprécie pas trop le cunni. Ça se voit quand il le fait parce que ça ne dure pas assez longtemps, il s'arrête trop souvent, bref, pas terrible. En fait moi aussi au début j'avais peur d'avoir le sperme dans la bouche et c'est vrai que le goût n'est pas hyperagréable mais je le fais surtout pour lui faire plaisir... Pour les sensations, ça ne me fait rien de spécial, je sens à peine quand son sperme arrive, mais ça permet de ne pas «couper» le rapport, de le laisser aller au bout de son plaisir sans l'interrompre... C'est mieux.

Virginie. Ma préférence

Le fait de le prendre dans ma bouche et de recevoir son sperme, je dois avouer que j'aime beaucoup. Je trouve ça hyperexcitant, ça se passe peut-être dans la tête, mais ce n'est pas dans la tête que je suis mouillée ! Du coup, après son orgasme, il arrive que je me masturbe pour faire retomber toute mon excitation. Ce que j'aime, c'est l'échange qu'on a à ce moment-là, c'est une grande intimité, un partage immense.

Céline. Conduite accompagnée

Je suce mon copain assez souvent. Ça ne me dérange pas, j'aime bien savoir que je lui donne du plaisir. C'est assez communicatif et ensuite, je suis excitée aussi. Je suce parfois jusqu'au bout parce que j'aime bien sentir les contractions de son orgasme dans la bouche. Le sperme me dégoûtait un peu, surtout au début, mais j'avale vite et voilà. De toutes façons, je ne trouve pas que le goût soit particulièrement fort, mais ça ne me viendrait pas à l'idée de faire des ablutions avec. Plus vite ça passe, mieux c'est. Mon copain aime que je lui fasse mais il ne réclame pas. Par contre, quand je le suce, il me donne des indications du genre « un peu plus vite », et ça me met à l'aise.

> ♥ **Jennifer. Programmée**
> Je pratique la fellation avec mon mari, mais je n'en raffole pas. Je sais que ça lui fait plaisir, qu'il aime bien, mais je n'y trouve pas d'excitation particulière. Je pourrais même dire que je m'ennuie parfois. J'ai limite mal à la mâchoire, ou alors j'attrape une crampe au bras sur lequel je me tiens… Bref, le confort, ce n'est pas encore ça ! Et puis, je suis hyperexigeante sur son hygiène parce que sinon, je ne PEUX pas. La moindre odeur me provoque un haut-le-cœur. Un léger relent de transpiration au niveau du pubis et c'est fini. Ça va que mon mari se lave avant de se coucher, mais j'avoue que ça ne laisse pas de place à l'imprévu. Et puis d'abord, l'imprévu, ce n'est pas trop mon créneau.

Maria. Sucer + grave que coucher ?
C'est marrant de penser que si on suce on est une salope, mais si on couche, non. Donc il y aurait une « hiérarchie » dans le fait d'être chaude ou pas, certains trucs sont « permis », d'autres non ?

Franchement pas d'accord. Une vraie de vraie salope peut aussi ne rien faire du tout mais t'allumer à mort (non, je ne confonds pas avec une allumeuse, je parle bien d'une salope), une fille qui suce, couche ou se laisse sodom sans broncher, c'est pas une salope, c'est un sac de patates.

♥ **Vérane. Le sexe, pas seulement sexuel**
Pour la pipe, il y a deux aspects. Moi je veux bien sucer tout ce qu'on veut, si la queue du mec ne me plaît pas, c'est même pas la peine, je vais faire un rejet. Y aura pas moyen. Deuxio, j'ai mis un temps fou à intégrer que la pipe était un jeu et pas un acte qui implique vraiment. Résultat, j'ai déjà passé 2 mariages (donc 2 divorces) pendant lesquels je n'ai pas sucé une seule fois pendant nos années de vie commune (4 ans pour le premier, 12 pour le second !). Aujourd'hui, j'ai 40 ans passés, je peux dire que j'ai compris plein de choses par rapport à la sexualité, le rapport avec l'autre. Tant que tu te sens dominée par les hommes dans la vie, d'une manière générale (je parle pour les femmes là, toutes les femmes !), tu as du mal à te libérer au lit. Un jour, tu as un déclic, tu te dis « mais je vaux autant qu'un homme, donc si je lui fais ça, ça ne veut pas dire que je lui suis soumise, mais qu'on partage du plaisir avec nos deux corps, tout simplement ». Ça te fait sourire ! Je t'assure qu'on peut passer sa vie à attendre ce moment-là et qu'il y a des femmes auxquelles ça n'arrive jamais, en raison de leur éducation, manque de confiance en elle, etc. Je dirais que le sexe, finalement, c'est pas

seulement sexuel. Et qu'il y a une maturation nécessaire pour comprendre tout ça.

Virginie. J'arrive pas à faire ce que je pense

J'ai l'impression de pas être trop douée pour masturber un mec ou même pour le sucer. En fait c'est bizarre mais je sais ce qu'il faut faire (phase 1), j'ai l'impression que je vais faire ce qu'il faut faire (phase 2) mais dans la réalité, ça ne donne pas exactement ce que je voudrais (phase 3). Il y a un décalage, c'est assez difficile à expliquer. Bien sûr j'arrive à faire jouir mon mec, mais je sens bien que ça pourrait être mieux, et je ne vois vraiment pas comment faire mieux.

Pamela. Éviter les nausées en fellation. Mode d'emploi

Archiclassique, le haut-le-cœur ou même carrément la gerbe qui menace de refaire la déco de la chambre quand la queue du monsieur vient titiller la glotte. C'est un réflexe automatique, vomir dans ce cas, c'est normal. Repensez au docteur qui introduit son abaisse-langue pour voir votre belle gorge bien rouge en hiver, souvent il n'y a pas moyen !

Donc, trois options :

1) **Tu suces en biais** (le gland vient buter à l'intérieur de la joue plutôt qu'au fond de la gorge) : facile pour la suceuse mais moins agréable pour le sucé, sauf grande dextérité.

2) Tu te mets en position de façon à ce que **le pénis rentre direct dans la gorge, bien droit** (comme les

oies qu'on gave, vous avez déjà vu ça ?), c'est la technique des putes (mais aussi des femmes qui aiment offrir ça à leur mec, tout simplement) et ça marche très bien.

3) **Ce que je recommande aux débutantes :** ne pas sucer tout le membre. C'est vrai que le mec adore être « entièrement bien au chaud », mais en même temps c'est sur le gland et juste en dessous qu'il prend le plus de plaisir. Donc tu rentres la queue en partie (en plus faut pas oublier qu'elle grossit au fur et à mesure de la pipe, donc attention !) et tu complètes dehors avec ta main, juste sous ta bouche, pour l'enserrer avec la même force que tes lèvres. Y a pas à s'angoisser, ça va venir : tu mets tes mains autour de la base du sexe, tu serres un peu fort et tu n'y penses plus, ça va coulisser tout seul. Du coup il se sent pas « abandonné » (tu peux en profiter pour caresser un peu les couilles avec l'autre main, mais la première, elle reste où elle est), et toi tu domines la profondeur de la pénétration.

Tu dois toujours respirer amplement, uniquement par le nez, en rythme avec les mouvements de la bouche, c'est important pour maîtriser l'ensemble de son corps. Seule une respiration calme et contrôlée peut te permettre de te détendre suffisamment pour faire une bonne pipe, et encore plus une gorge profonde, ça c'est le stade d'après. Au moindre stress, tu te contractes, tu respires comme un petit chien et c'est foutu, ta gorge refuse tout. Il faut donc apprendre à respirer par le nez avec la bouche pleine (je conseille d'essayer simplement avec un tuba à la piscine, là c'est l'inverse évidemment, tu ne respires que par la bouche, mais c'est pour apprendre à bien différencier les deux orifices respiratoires).

Françoise. J'avale pas

Beuuuuuuuuuuuurk. De toutes façons je suis végétarienne, alors…

Elizabeth. Des fois, j'avale, des fois bof…

C'est une question d'humeur du jour, de plein de trucs. Des fois, j'avale, et des fois je garde dans un coin de ma bouche et je laisse le sperme s'écouler tout doucement sur le côté, comme un filet de bave. Ces jours-là, je le ne peux simplement pas avaler, voilà. Ça finit par sécher sur le drap pendant la nuit. On s'en fout.

Marjorie. Je démarre bien, c'est après que ça déconne

Pour une pipe, je pars comme en 40. Ça démarre bien, je suce à fond, le mec a l'air content, et puis petit à petit, je n'arrive plus à « sentir son rythme », je perds le diapason, c'est l'horreur parce que je sens que sa queue donne quelques signes de faiblesse, du coup je redouble d'efforts pour retourner la situation. Sans effet généralement. Souvent le mec finit par se branler dans ma bouche. Je le laisse faire avec le sourire, je l'encourage du regard et, pour noyer ma honte, j'avale son sperme goulûment pour montrer que au fond, je suis « une bonne fille ». Mais je te jure, j'en chialerais. J'ai pourtant l'impression de faire ce qu'il faut. Parfois même comme ça, en essayant de se terminer lui-même dans ma bouche, ça marche pas du tout, je veux dire que le mec s'énerve, je le sens frustré, en train de se tortiller pour essayer de trouver un point « bon », il finit par sortir et se masturber un peu pour « repartir », et me pénétrer. On peut parler de cata, là, non ?

> ♥ **Gégé. Impossible de trouver le bon rythme**
> Sucer, je sais que je ne suis pas douée... Mais la configuration de la bouche fait que même si t'es pas une bonne suceuse, tu peux juste l'ouvrir, accueillir la bite, refermer tes lèvres dessus, faire gaffe aux dents, et le mec peut se masturber tranquillement, comme il le ferait avec un toy (il y a des bouches pour les hommes, tu sais, juste la bouche !). Bien sûr on peut considérer ça comme avilissant, mais je parle pour toutes les nanas qui, comme moi, n'arrivent pas à bien sucer malgré leurs efforts, leur envie de faire plaisir au mec et, je le précise, le non-dégoût de la chose. Donc, le mec finit par décharger. Mais alors branler un mec, là franchement, c'est infaisable. C'est impossible de trouver le bon rythme, sauf quelques expertes du sexe ou des putes. Je ne dis pas ça du tout pour juger, juste que quand on parle entre copines, on est toutes d'accord pour dire que le plus difficile de tous les actes sexuels, c'est de bien branler un mec.

Bertille. Tradi ou profonde ?
Je sais faire des gorges profondes mais j'aime mieux les pipes normales. Et je trouve que mon mec prend plus son pied en « tradi », il trouve ça plus doux et plus varié parce que je lape sur la verge, je descends, je

remonte, je suce, je léchouille. Donc la profonde ok de temps en temps, mais l'essentiel c'est quand même le plaisir que tu donnes. Bref, mieux vaut une bonne pipe qu'une profonde ratée ou même juste moyenne !

♥ Nadia. Technique pour faire une gorge profonde (accessible à toutes les nanas !)
Mode d'emploi
Le problème de la gorge profonde, c'est le réflexe de nausée. Tu peux arriver à le maîtriser en faisant entrer très doucement le sexe de ton mec dans ta bouche, centimètre après centimètre. Le plus simple est que lui soit debout et toi à quatre pattes sur le lit, pour que l'angle de pénétration soit naturel. Surtout pas d'un coup, là ton corps se braque illico. La chair doit prendre place petit à petit. Quand tu commences à ressentir un début de nausée tu ne bouges plus en laissant bien le sexe où il est, le temps que ta glotte s'habitue. Quand ça va mieux, tu recommences à progresser de quelques millimètres. **On finit par y arriver, c'est mathématique** (pense aux malades qui ont des tuyaux dans la bouche jusque dans le bide, pour des examens médicaux. Ils y arrivent bien sans vomir. Pareil pour les avaleurs de sabres !). Dans un premier temps, pour les premières super pipes, alterne « gorge profonde » pour 3 ou 4 allers-retours (avec un peu plus profond à chaque aller) et 5 ou 6 va-et-vient en profondeur « classique » si c'est plus facile pour toi (c'est pas forcément le cas car à chaque fois que tu devras repasser par la case glotte, le problème va se reposer, alors qu'une fois que la chose est dans la place, finalement ça passe parfois mieux. Exactement comme la sodomie !).

Au bout de quelques pipes comme celles-ci, essaie de passer à la phase supérieure : **tu peux masser le gland avec l'entrée de ta gorge, les mecs ça les rend raides dingues.** Il suffit de déglutir un petit peu, comme si tu voulais avaler quelque chose. La gorge se resserre doucement autour du gland et le monsieur gémit très très très fort. C'est pas super facile, surtout au début, mais c'est vraiment dément, ça vaut le coup d'essayer et d'en rater quelques-unes avant d'y parvenir. Il faut que le mec bouge le moins possible (dans l'idéal il doit rester immobile, parce que la fille ressent le moindre mouvement décuplé et pour une fois, c'est pas agréable ! Par-dessus tout il ne doit pas appuyer sur ta tête pour s'enfoncer plus, il doit te laisser entièrement faire) et que tu sois détendue au maximum. À ces deux conditions, tout le monde peut procurer des sensations atomiques à son chéri.

Rose. Profonde avec des caresses

Moi la profonde, j'adore ça. À condition que le mec se laisse entièrement faire, qu'il me balance pas des vieux coups de reins. Donc en fait ça dépend des partenaires, il y en a avec lesquels tu ne peux simplement pas à cause de leur désir de dominer, donc de bouger. Le secret c'est de se sentir en confiance et d'avoir vraiment envie de le faire. Cela dit des petites caresses sur les cheveux, les oreilles et les épaules, c'est pas de refus, on se sent moins seule !

FESSÉE

Léa. Une bonne fessée

C'est curieux parce que je suis d'un naturel autoritaire, d'une manière générale on me respecte et personne n'oserait venir me marcher sur les pieds. Au début de ma vie sexuelle, c'était clairement moi qui « dominais » : je décidais où et quand, comment et presque pourquoi ! Et un jour un homme m'a donné une petite tape sur les fesses (gentille, hein !) pour jouer, pendant qu'il me faisait l'amour, je n'ai pas du tout apprécié. Je lui ai simplement demandé fermement d'arrêter, je ne l'ai pas viré de chez moi à coup de tatane, mais ce bruit de « clac », ce petit picotement de chaud me paraissait incongru, perturbait mon plaisir, bref : je ne voyais ni l'intérêt, ni le rapport. Et peu à peu, au fil des partenaires et des années, ce petit « bonus » s'est imposé au point de devenir quasiment un passage obligé. J'adore recevoir une fessée, parfois un peu plus rude – mais jamais jusqu'à la douleur – alors que je ne suis vraiment pas sado-maso. Il faut que le mec soit doux, il n'est pas question de lui servir de défouloir ou d'avoir l'impression d'être « montée » comme pour un rodéo. Il faut faire attention parce que certains hommes ont tendance à se laisser un peu emporter par leur nature animale… Mais si le gars se maîtrise, c'est un vrai plus. Bien sûr je peux faire « sans » mais quand c'est le cas, je trouve qu'il manque quelque chose. Alors attention il y a un bon moment, en gros la fessée ne peut accompagner que la levrette, éventuellement la sodomie, enfin il faut que je sois dans un trip soumise. La même claque sur les fesses pendant un cunni ou un baiser est inconcevable.

Fidélité

Aline. L'infidélité c'est bien avant de coucher !
C'est moi, Aline, je suis avec Bruno qui est avec Léna (voir p. 71, côté hommes). Je n'adhère pas du tout à la conception de Bruno concernant l'infidélité. Du moment où il est venu chez moi et où il m'a roulé une première pelle, il était infidèle. Notre relation est ultra forte, ultra érotique, on fait absolument tout sauf la pénétration (et la sodomie). Il a joui dans ma bouche un nombre incalculable de fois, moi je me suis abandonnée dans la sienne tout autant, on se voit presque tous les deux jours, on fait l'amour mais il m'apporte aussi des fleurs, du champagne, des chocolats, bref, c'est une petite fête à chaque fois. Je ne suis pas sûre que Léna estimerait « qu'il n'y a pas infidélité » si elle nous voyait tous les 2, en 69. Cela dit c'est leur problème, moi la relation me convient parfaitement comme ça. Surtout qu'en plus il me pénètre… avec les doigts, donc je ne ressens aucune frustration, et en plus j'ai pas besoin de prendre la pilule. Le rêve !

Raphaëlle. L'infidélité, pas pour moi
Je suis d'une jalousie excessive. J'ai déjà du mal à supporter que mon copain regarde une fille à un feu rouge, alors comment tolérer le moindre écart ? Non, je ne vois pas quelle souplesse avoir à ce sujet-là. Moi, je ne le trompe pas, donc je pars du principe qu'il n'a pas non plus à le faire. Un couple se fonde sur des comportements réciproques. Si l'un fait quelque chose que l'autre ne fait pas et qui, en plus, le blesse, il n'y

a aucun intérêt à être en couple. Pour moi, c'est faire semblant, que ce soit pour les hommes ou pour les nanas. Maintenant, si certains arrivent ensemble à trouver leur équilibre comme ça pourquoi pas, mais ça ne me concerne pas.

Alice. Un petit extra, ça me booste

J'ai déjà trompé plusieurs fois mon homme et il ne l'a jamais su. C'est toujours dans les moments où on a des coups de blizzard dans notre couple. Ce petit extra me fait du bien, même si je sais que « c'est mal ». Ça me fait du bien parce que ça me booste : quand je rentre à la maison, je suis d'un coup hyper heureuse d'y être, de retrouver celui que j'aime, de me lover dans ses bras. Aller à la rencontre de la médiocrité, parce que quand même, ce type de relation, on ne peut pas dire que ce soit « l'éclate totale », permet de voir combien c'est bon à la maison. Avec les autres, il n'y a pas de passé, pas d'histoire, pas d'amour, pas de vérité. Dans mon couple, même s'il y a des hauts et des bas, je sais pourquoi je suis là et ce que je veux. Avoir un amant de temps en temps me permet de remettre les pendules à l'heure. Je ne sais pas si lui m'a aussi trompée, mais à vrai dire, je ne tiens pas à le savoir, du moment que nous conservons ce point d'équilibre nécessaire au bon fonctionnement d'un couple. Si je l'apprenais, je pourrais peut-être comprendre. En tout cas, si c'est une aventure, parce qu'une relation, c'est carrément une autre limonade ! Et ça, je ne crois pas pouvoir l'accepter. Je pense que la réciproque est vraie…

♥ Christelle. Mensonge et hypocrisie

Pour moi, fidélité et amour sont simplement indissociables. Ça ne me viendrait pas à l'esprit d'aller tromper mon mari, ou même le petit ami que j'avais avant de le rencontrer. Je pense que ces histoires de fidélité sont finalement des choix que l'on fait, et tout dépend comment on envisage son couple, si c'est dans la vérité, ou dans le mensonge et l'hypocrisie, que ce soit pour les hommes ou pour les femmes. Je dis que oui, c'est hypocrite de dire : « Chérie, ce soir je dîne avec des collègues », alors qu'on s'envoie le ou la collègue à l'hôtel. Après, ils pourront bien dire « mais oui c'est toi que j'aime ! », en attendant, ils mentent. Où est le sens de tout ça ? Je ne vois pas. Si j'apprends un jour que mon mari m'a trompée ou me trompe, ce n'est pas compliqué, je le mets dehors et c'est terminé.

Lucie. Réciprocité

Juste un baiser sur la bouche, c'est tromper ? C'est la seule chose que j'ai faite (et c'était il y a trois ans !), je ne suis jamais allée plus loin. Je suis fidèle, mais j'exige la même chose que mon copain.

♥ Claudia. Infidèle malgré moi !

Les mecs font des trucs que les nanas n'oseraient jamais imaginer. Je te raconte le sale plan avec mon ex. On était ensemble depuis quelques semaines et on zonait dans une soirée un samedi. Un anniversaire, plein de monde qui rentre et qui sort (de la maison je veux dire), tu connais 1 tête sur 10, des couples qui s'embrassent et se tripotent dans toutes les pièces, des tas de chambres d'amis, bref : le baisodrome classique quand les parents sont en week-end, le fouillis sympa. Il se faisait tard, Jérôme avait un peu picolé, j'avais pas mon permis, on a préféré dormir sur place comme nous le proposait la puissance « invitante ». Je me couche, limite ivre, mon mec me dit qu'il va revenir et je somnole avant qu'il déboule entre les draps. Il y avait encore des tas de fêtards au rez-de-chaussée, la musique était si forte qu'elle faisait vibrer les pieds du lit et me traversait tout le corps, mais ça me berçait, plutôt rassurant. Comme quand t'es môme et que tes parents dînent avec des amis, toi t'es dans ta chambre et tu aimes bien voir le trait de lumière du séjour et entendre les bavardages et les rires. Donc, Jérôme arrive, me caresse les seins, le cou, m'embrasse l'épaule sans trop me déshabiller et colle son sexe bien dur contre les poches arrière de mon jean (ben non, j'avais pas pensé à apporter mon pyjama !). Moi, partante pour un petit coup de queue avant de dormir, je baisse mon pantalon et hop, il s'enfonce direct. C'était pas tout à fait comme d'habitude mais j'ai seulement réalisé le problème quand il a commencé à me murmurer des trucs cochons à l'oreille : clairement pas mon Jérôme. Je ne savais pas qui c'était, et le moment de vrai effroi passé, comme dans un film d'horreur où tu décasses direct parce que tu entends le halètement du serial killer avec sa tronçonneuse, j'ai hésité entre hurler et baffer le type qui me baisait, ou me laisser faire en me disant « putain je suis en train de me faire violer. La vache, je me fais violer, là, ça y est, c'est à moi que ça arrive. » A ton avis j'ai fait quoi ? Rien, j'ai tendu encore plus mon cul, je me suis relâchée et j'ai profité parce que le mec était un petit peu brutal mais en même temps vraiment excitant. J'étais à la fois outrée, humiliée, vexée et… mon sexe était glissant, open, le traître. La situation peu banale, le contexte, tout ça. Il a joui, moi pas (j'étais un peu sous le choc si tu veux), il a dit « tu veux voir qui je suis ? » Pour toute réponse, je suis restée tournée vers le mur jusqu'à ce qu'il parte. Interloquée par son audace et par mon mutisme. Encore un long moment, puis Jérôme est arrivé, il s'est couché à côté de moi et s'est endormi comme une masse. Je ne saurai jamais qui était le gars, si c'était un pote à Jérôme et s'il était là à sa demande ou quoi. Une histoire de fou. Le lendemain matin, on a bu un bol de chocolat et on est partis. On n'en a jamais parlé avec Jérôme, en fait tu es la première à qui je raconte ça.

Aviva. On a failli…

Je trouve que les relations homme-femme c'est jamais complètement net, même quand on ne devrait pas se poser de question. Ça vient peut-être de moi. Déjà, au bahut, je traînais avec les profs et j'ai couché avec 2 d'entre eux sur… disons… un malentendu (j'allumais, je ne voulais pas aller plus loin, mais le mec continuait sur sa lancée et puis voilà, je ne bronchais pas). Mais ce qui m'a le plus choquée c'est l'année dernière, en vacances (j'avais 19 ans), on avait loué une grande maison dans les Landes, il y avait plein de chambres et un jardin.

Maman était dans le jardin, à faire tranquillement la sieste et moi je revenais de la plage parce que je m'étais blessée et je voulais désinfecter. Je comptais repartir tout de suite après. Damien, mon beau-père, m'a vu arriver avec le genou en sang et s'est précipité pour m'aider. Il m'a fait « chhhhhut » avec son doigt en me disant de monter à l'étage pour ne pas déranger maman. J'étais contente qu'il s'occupe de moi, même si j'aurais pu le faire moi-même. Rien que de très normal : on s'entend super bien, c'est relax, jamais eu de sous-entendu bizarre, juste une famille recomposée sympa. Encore en maillot de bain, j'ai levé la jambe jusqu'au lavabo pour qu'il rince bien et on est allé sur le lit pour qu'il me colle un pansement. Et ça a dérapé, je n'ai toujours pas compris comment ni pourquoi. Pour coller le pansement, il passait mille fois sa main dessus (« il faut que ça tienne bien ») et autour. On aurait dit qu'il était hypnotisé par ce bout de truc collant, par la peau autour, par tout ça. Il ne lâchait pas ma jambe et il a plongé ses yeux dans les miens sans aucune équivoque possible. En même temps, mon œil a été attiré par la bosse qui prenait de l'ampleur dans son maillot. Une telle érection que s'il avait bougé d'un millimètre, j'ai imaginé son sexe sortir et ça m'a terrorisée. Je me suis levée brusquement pour rompre le charme, on aurait pu commettre l'irréparable tous les deux. Depuis, je reconnais parfois cet air bizarre dans ses yeux, mais je pense que ce genre de situation ambiguë n'arrivera plus.

FRENCH KISS

Cécile. Un bond début

Les premiers temps, tu passes ton temps à rouler des pelles à ton mec. Et puis de moins en moins. Et un jour, tu te rends comptes que tu viens, pour la première fois, de faire l'amour avec lui sans l'embrasser du tout. Là, t'es mal.

Laure. Baiser

« Montre moi un homme qui embrasse bien, je te montrerai un homme qui fait bien l'amour ».

Camille. Médaille d'or

Je prends largement autant de plaisir à embrasser et à sucer qu'à sexer. Donc souvent avec les mecs, ça s'arrête là : on s'embrasse pendant des heures, je veux bien les sucer, mais la pénétration, ça ne me dit rien. Pas que j'ai peur mais bon c'est pas terrible. Alors que si je lui explique bien comment me masturber, j'arrive presque toujours à l'orgasme comme ça, et je passe des moments beaucoup plus intenses. Donc ma hiérarchie à moi, elle est fonction du plaisir que je prends. D'abord le kiss, ensuite la suce/lèche (je ne suis pas contre le 69, mais je préfère l'un après l'autre) et loin derrière la ken. J'ai eu plusieurs mecs qui adoraient les cunnis, ils faisaient durer le plaisir, me transportaient carrément très loin, sans me demander quoi que ce soit. Bien sûr je les suçais aussi, après, mais ils me disaient prendre encore plus leur pied à me lécher. On va pas décourager les bonnes volontés !

HOMO ET BI

Paula. Je suis avec un homo, alors la pénétration…
J'ai l'impression que mon histoire n'est pas banale. J'ai une relation régulière avec… un homo. Un garçon qui aime les garçons, quoi, et moi je suis une fille, tu piges ? Et non, il n'est pas bi ! Notre relation est vraiment hyper forte et intéressante, il ne se comporte pas au lit tout à fait normalement (ou alors c'est moi qui le perçois comme ça parce que je « sais ») dans le sens où à chaque fois que nous avons essayé de coucher en vrai (option Lego), il a perdu son érection et on n'a pas pu. Mais tout le reste, ça marche. C'est assez curieux mais je pense qu'on est amoureux l'un de l'autre, et que ce qu'il ressent avec moi (physiquement), c'est ce qu'il ressent avec un mec (après tout une branlette c'est une branlette, une pipe c'est une pipe) mais que le fait de devoir pénétrer un sexe féminin, ça le fait débander.

> **Isabelle. Juste une fois**
> J'aimerais bien coucher avec une fille mais je ne sais pas où la trouver ? Comment l'aborder ? En fait je suis très bien avec mon copain mais j'aimerais « voir du pays », et pas du tout avec une lesbienne ramassée dans un bar. Je cherche quelqu'un comme moi, finalement, attirée par cette aventure pour « une fois », pas trop expérimentée (ça m'effraie !), mais pas aussi débutante que moi (sinon bonjour le fiasco !).

Vanessa. Homo refoulé
Avant notre rencontre, mon mari a eu une relation

avec un homme sans pénétration (sexe oral). J'avoue que j'ai eu du mal à digérer cette expérience quand il m'en a parlé. J'ai toujours un peu peur qu'il soit un homo refoulé… Si c'est le cas, je préférerais qu'il assume. J'y pense quand je le caresse dans la région de l'anus et s'il m'arrive de lui mettre doigt, je suis à la fois un peu angoissée, et en même temps excitée. C'est hyper paradoxal.

♥ **Solène. Cadeau d'anniversaire**

Je viens de fêter mes 30 ans. Pour mon anniversaire, je me suis offert une fille. Je ne suis absolument pas « bi » et encore moins « homo », j'avais jamais pensé d'ailleurs à toucher un seul cheveu féminin de ma vie, mais il y a quelques semaines, un copain m'a dit « on devrait tous essayer un jour de faire l'amour avec quelqu'un du même sexe ». Sur le coup j'y ai pas prêté attention et puis ça a fini par me trotter dans le crâne. Eh bien c'est l'une des expériences les plus fortes de ma vie. Je ne recommencerai pas forcément parce que les nanas, c'est pas mon truc. Mais c'était génial et surtout j'ai découvert en quelque sorte mon corps à travers le sien. Je me suis aussi trouvée à la place du mec, avec un corps de femme nue à stimuler, et c'était pas si facile, en fait. Du coup, maintenant, je serai plus tolérante et communicative avec les mecs. J'ai déjà commencé. Je t'assure, ça a complètement modifié ma façon de voir les rapports sexuels, la communication dans le couple, tout ça !

INTERNET

Laetitia. Entraide

Pour tout te dire, je ne vais pas sur internet pour ça, même si je fréquente les forums sur la sexualité... Ce qui me plaît par dessus tout, c'est l'esprit des gens, on s'entraide, on blague, on répond aux questions… Et souvent sur les forums de sexualité ou « psycho-couple », c'est là qu'on s'amuse le plus, sans pour autant faire de rencontres.

Anabelle. Des amitiés pour la vraie vie

Je n'ai pas eu d'aventure par le net parce que je n'en cherche pas. Par contre, j'y ai trouvé des amis, des hommes comme des femmes, avec qui je m'entends bien et que je vois maintenant dans la vraie vie. Mais si j'avais cherché une aventure, il aurait suffit de le dire pour savoir que oui, c'est possible... En fonction des sujets abordés, on sait plus ou moins ce que les autres cherchent.

Martha. Mon premier plan cul

J'étais inscrite sur un de ces sites Internet qui – les copines étaient unanimes là-dessus – permettent de connaître la personnalité de l'autre avant… qu'il soit trop tard. Après quelques rencontres, qui semblaient toutes me convaincre que les mecs sont charmants… jusqu'à ce qu'on se retrouve dans un lit, j'avais décidé de faire un break. Et puis, une ultime copine me dit qu'il faut que j'arrête de mettre des sentiments ; que c'est pas parce que je ne trouve pas la perle que je dois arrêter toute pratique sexuelle… Je m'autobriefe, donc, et entame un « chat » avec un mec, dans le but avoué, si affinités, de « conclure », comme on dit. Je l'allume, il répond du tac au tac, on se chauffe à mort et hop ! on prend rendez-vous pour « un plan de cul ». Le soir fatidique arrive… On s'était vus par webcam interposée, donc pas de déception côté physique ; mais voilà : moi, c'était la première fois que je me trouvais dans cette situation… On boit un verre, deux, trois… j'en profite pour lui demander comment il vit ces histoires de cœur (avec un Q majuscule !). Pas timide, le garçon me raconte ses galères, ses « pieds », le tout sur un ton détaché de bibliothécaire. Et puis, au hasard d'un de ses récits, il me dit que, en général, les filles qui le font bander direct, qu'il trouve super sexy, jamais il projette de vivre quoi que ce soit d'autre avec elles… La, j'ai commencé à me demander ce que je faisais là (c'était chez moi, en même temps…). Parce que ne pas mettre de sentiments (même un minimum), je m'y étais préparée ; mais de là à ne pas du tout me projeter (même un minimum) dans l'avenir, avec le mini espoir inconscient qu'il craque au point d'avoir envie de me revoir, ça m'est revenu dans la gueule sans prévenir ! J'ai senti que j'allais tout envoyer valdinguer et je me suis entendu dire : « Bon, ben, on va y aller ! ». J'adore faire l'amour, tout a bien débuté… Et puis, très très vite, je suis... comment dire... sortie de moi-même… Je me voyais (moche, grassouillette) faire des caresses comme si j'étais spectatrice de la scène, une professionnelle du porno, avec un œil de scientifique, observant le bon déroulement de la procédure… Et rien à faire pour penser combien c'est bon de se mélanger avec un corps d'homme, mon regard se posait sur les photos de l'été dernier… Par moments, je me perdais dans son regard, bizarrement très tendre et doux, planté dans mes yeux… Et puis, au moment «fatal», il a accéléré la cadence, je ne pensais plus qu'à ces coups de butoir, limite douloureux, dignes, en tout cas, d'un film porno d'entrée de gamme… j'ai pas pu ! Je l'ai arrêté «en plein vol», c'était plus supportable... J'ai pensé qu'on allait boire un verre, fumer une cigarette et (comme dans un couple «normal» !) reprendre nos ébats. Non, le garçon s'est rhabillé. J'étais mal… coincée dans mes contradictions… J'ai voulu me justifier et, au final, je n'ai pu dire que : «Bon, ben… je te garde pas pour dîner, c'est pas dans le contrat, n'est-ce pas ?»

> ♥ **Claire. Rencontres étonnantes**
> Oui, j'ai rencontré un homme. Et aussi d'autres personnes, toutes très bien. Si tu as suffisamment d'instinct pour ne pas te laisser leurrer, pas de problèmes. Il n'y a pas que des cinglés sur les forums ! Je n'y vais pas depuis longtemps (2 mois), mais j'ai fait des rencontres plus étonnantes et plus passionnantes que durant toute ma vie... Il s'agit seulement de faire preuve d'un peu de jugeote. C'est tout.

LINGERIE

Aude. La guêpière scandaleuse
Pierre et moi nous fréquentions depuis deux mois, la meilleure période d'une liaison. Dès qu'il me laissait pour s'occuper de ses affaires, il me manquait, lui

m'appelait 4 fois par jour, et je ne compte pas les sms échangés… J'ai dû héberger une cousine de passage à Paris à cette époque, et comme l'appartement de Pierre était en travaux, nous n'avions plus de « nid » où nous retrouver dans l'intimité. Nous avons décidé de prendre une chambre d'hôtel. Quelques jours avant notre rendez-vous, je faisais du shopping, et en traversant le rayon lingerie je tombe en arrêt sur une guêpière noire avec des pois blancs ! Je ne suis pas très porte-jarretelles/bas/balconnet, mais elle était superbe. Tout en soie, très chic. Je tourne autour pendant 20 minutes avant de décider de l'essayer ; puis je la remets en rayon à cause de son prix limite scandaleux. Surtout, je me demandais si c'était une bonne idée de faire ce genre de surprise à Pierre : nous n'avions jamais parlé de ses goûts (et dégoûts) en la matière. Et puis mon cœur a pris la décision : cette rencontre à l'hôtel avait un petit goût d'interdit, autant jouer la carte à fond. Le jour J, je prépare mon sac avec les fameux dessous et je vais à l'hôtel. Pierre devait m'y rejoindre. La chambre me plaisait beaucoup : je ferme un peu les rideaux, ouvre le lit, enfile ma jolie guêpière et les bas et me pose sur le lit en attendant mon Prince… Quelques instants plus tard, on frappe à la porte, je l'entrouvre et vois Pierre, tout souriant et piaffant de se jeter dans mes bras. Pour ménager ma surprise, je lui dis d'attendre avant d'entrer et me réinstalle sur le lit, offerte. Il entre, écarquille les yeux le temps de s'habituer à la pénombre et s'approche. Je me jette sur lui et le fait rouler sur le lit avec moi, lui caressant les cheveux tout en le déshabillant. Je vous passe les détails, j'étais brûlante d'impatience qu'il me fasse l'amour… Pierre me caressait, mais je me suis vite aperçue que son sexe ne suivait pas le mouvement. J'ai pensé que l'excitation était trop forte, j'ai tout tenté pour le « durcir »... en vain. J'étais un peu décontenancée, mais, bon, ça arrive, ce genre de panne. J'ai allumé une cigarette pour faire une pause, et l'ai rassuré comme j'ai pu. Curieusement, il ne semblait pas gêné, il m'a dit que je ne devais pas le prendre mal, mais que ma tenue n'était pas étrangère à la situation. Que quand il m'avait découverte, il s'était cru dans un film pornographique de bas étage ; qu'il avait même dû se retenir d'éclater de rire, tellement la situation ne lui ressemblait pas. Qui avait bien pu me conseiller un truc pareil ?! Est-ce qu'il était si barbant au lit, pour que j'en sois à chercher des accessoires pour pimenter nos ébats ! Que s'il avait envie d'une poupée gonflable, il savait où trouver un magasin spécialisé ! Le monde à l'envers, moi qui avais pensé flatter son côté macho, je me retrouvais à me justifier tant bien que mal ! Heureusement, mes sentiments pour lui étaient très forts, car ses mots ont été durs et je me suis un peu fait l'effet d'une grosse vicieuse... Aujourd'hui, nous vivons ensemble depuis trois ans, nous avons un petit Léo qui dort dans son couffin et la semaine dernière, Pierre m'a reparlé de l'objet du délit. En termes bien moins vindicatifs ! Il n'a pas tout à fait digéré.

♥ Nadia. Dessous glissants

Lui et moi, on adore quand je porte des beaux dessous. Mais pas pour les mêmes raisons. C'est de voir la lingerie qui le fait craquer, ou plutôt de me voir dedans, il me demande de me balader dans la pièce comme ça, ne se lasse pas d'admirer le spectacle. Moi, j'aime les sensations concrètes :

j'adore faire l'amour en gardant mon soutien-gorge et ma culotte (si possible en soie ou en tissu très léger qui « glisse »), et qu'il passe sur le côté pour me pénétrer, qu'il sorte un sein, le suce et le caresse, pour le remette ensuite bien en place dans son écrin. C'est ça que j'adore, l'impression que chaque parcelle de mon corps est un trésor à reposer délicatement dedans. Alors les plans « on arrache tout », très peu pour moi ! Tiens je pense à un souvenir très chaud : je suis assise sur ses genoux (sur ses cuisses serait plus exact) et tout en gardant ma culotte, je rapproche de plus en plus mon sexe du sien, je sens l'extrémité de son gland contre mon vagin trempé, il me pénètre un tout petit peu (autant qu'il peut, donc pas beaucoup), ça l'énerve et ça l'excite à la fois de rester frustré tout en pouvant se frictionner le bout, et le frottement de nos sexes à travers ce petit carré de tissu de rien du tout, ça nous a fait jouir ultra fort tous les deux.

Masturbation

Géraldine. Un outil à manier avec précaution
La masturbation, ça amplifie toujours mon état d'esprit du moment. Si je suis gaie et euphorique, ça va encore en rajouter une couche de bonheur. Si je déprime, ça va me plonger dans l'abattement total. Pour moi, c'est un outil à manier avec précaution.

Christine. Chaud et froid
J'aime me caresser dans la salle de bains. Je jouis assez rapidement, en quelques minutes, c'est

efficace mais bien. Ce matin, je pensais à mon copain, c'est dingue, non ? Il faut dire qu'on ne s'est pas vus depuis deux semaines, alors, ça aide. J'aime me masturber avec le pommeau de la douche, ou sur le coin de la baignoire. C'est frais, c'est doux, lisse. Bref, ça m'excite. En fait, ce qui me plaît, ce sont les changements de température : le chaud de la douche, et le froid de la baignoire.

Fabienne. Ça marche à tous les coups

La masturbation marche avant tout avec les fantasmes : sans eux, impossible de jouir. Je ne sais pas si je fantasme parce que je suis excitée ou si je suis excitée parce que je fantasme, en tout cas, ce qui se passe dans ma tête est essentiel. La dernière fois que je me suis masturbée, c'était avant-hier dans mon lit. Je me touche avec mes doigts et je préfère me caresser le clitoris. Pas de film X, pas de magazine porno, je trouve ces trucs nuls et limite avilissants. Par contre, il y a une chose qui est sûre, c'est que je jouis parfaitement bien toute seule, dans 100 % des cas. Les orgasmes ne sont pas tous les mêmes, certains sont plus forts, d'autres moins. J'ai l'impression que c'est selon mon degré d'excitation de départ. Ça dépend de mon état d'esprit et de ma disponibilité.

Christelle. Pas le temps de me toucher

Je me masturbais avant, vers 20 ans. Juste avec mes doigts, j'excitais mon clitoris en imaginant des trucs insensés. Maintenant, je suis mariée et je n'ai ni l'envie, ni l'occasion, ni le temps de me toucher. Franchement, je ne me vois pas faire ça vis-à-vis de mon mari. Ce serait un peu gâcher le plaisir. Même si nous faisons l'amour et que je n'ai pas d'orgasme, je n'oserais pas me masturber par respect je crois. Ce serait vexant pour lui de le savoir ! C'est le principe de faire ça toute seule sans lui qui me déroute. Devant lui ? Ça va pas la tête ? Ne serait-ce que s'il le savait, je serais verte de honte.

Coralie. Les légumes c'est bon pour la santé

Quand j'étais célibataire, je me masturbais régulièrement, c'est-à-dire presque tous les jours. Le plus souvent, c'était juste avec mes doigts, mais j'ai parfois utilisé une carotte ou une courgette pour la pénétration, même si mon plaisir venait la plupart du temps par le clitoris. La pénétration est pour moi un « plus » qui me permet de mieux ressentir l'orgasme clitoridien. Je trouve que ça le rend plus « profond ». Aujourd'hui je vis en couple, et la masturbation ne fait plus du tout partie de mon planning ! Mon copain me gâte au lit et tout va bien…

♥ Marianne. Je suis en veille

C'est déjà arrivé que je me masturbe mais pas souvent. J'ai dû faire ça 15 fois dans ma vie, surtout quand j'étais plus jeune. Je me frottais à ma couette pour m'exciter. Aujourd'hui, quand je suis célibataire, le sexe ne me manque pas. J'ai juste l'impression que je suis en « veille » et que je n'ai plus de pulsions et que le jour où je rencontrerai quelqu'un, tout rentrera dans l'ordre. Je le vis très bien !

Lily. Pas de ça chez moi !
La masturbation, c'est pour les cochons !

Kadija. Deux techniques
Je me masturbe de deux façons différentes, qui toutes deux impliquent forcément une salle de bains. Si je n'en ai pas, je suis mal parce que je suis incapable de me donner du plaisir autrement. Donc, pendant longtemps je me suis exclusivement fait jouir avec le jet d'eau de la douche, mais il fallait toujours que je prenne mon temps, et en plus je devais être allongée dans une baignoire : l'eau coulait à flots pendant au moins 20 minutes sur mon clitoris, sinon je n'arrivais à rien. Avec ma main j'écartais bien mon sexe et je dirigeais le jet sur le côté pour ne pas qu'il soit trop violent (parfois quand ma main ripe, ça tombe juste dessus, ça me fait bondir et me cogner dans la baignoire !). Les orgasmes obtenus de cette façon restent mes préférés, ils te transportent vraiment. Mais j'ai découvert une façon plus express, pratique et physique de me branler, qui me rappelle les rapports sexuels mais en franchement mieux (je veux dire d'un point de vue sensations, pas émotions !). Oui, vraiment en mieux ! **Parce que ça se déroule exactement comme je veux et avec la force qu'il faut, c'est dément.** J'en chiale des fois tellement c'est bon. Donc, là il me faut un bidet (je n'en ai pas chez moi, donc je le fais sur les toilettes, mais dès qu'il y en a à l'hôtel ou chez des amis, j'en profite !). Je suis assise, habillée en haut pour avoir chaud, les jambes bien écartées. Je glisse une main entre

mes cuisses en passant un doigt de chaque côté de mon clitoris. Un peu comme quand on se lisse les cheveux, tu vois ? **Ça glisse tout seul, c'est bon rien que d'y penser.** Ce qui est drôle c'est qu'avec les doigts, soit il faut appuyer très peu, soit faire une bonne pression (ce qui permet de sentir le sexe bien palpiter, c'est émouvant !), entre les deux, c'est insupportable. Bref, donc je me branle comme ça, tranquille pendant quelques minutes. La boule sous mes doigts devient vite très grosse (est-ce que c'est parce que mon sexe est très écarté ? Ou parce que comme je suis assise le sang arrive plus vite en bas ? Je ne sais pas) et là, **je prends n'importe quel objet lisse, rond et propre** (ça peut être une bouteille de shampoing, un savon rond dans une capote, j'ai déjà essayé avec le dos d'une petite cuillère !) et j'applique très doucement l'extrémité sur la pointe de mon clito. Je me termine comme ça, en remuant tout doucement, et ça me fait jouir à un point indescriptible. Aucun de mes mecs, même le plus doué, n'a jamais réussi à me caresser aussi techniquement. C'est vraiment la folie, mais c'est encore meilleur après ! Si j'ai le temps, donc, on entre dans la phase deux : là, je m'enfonce un gode (ou n'importe quoi de ressemblant, plus c'est gros et long, meilleur c'est). Les parois de mon sexe sont hypergonflées à cause de l'orgasme que je viens d'avoir, je suis tout essoufflée, trempée de mon jus (parfois je goûte, mais souvent je me précipite sur le gode). Je me pénètre tout doucement et je sens mon vagin s'écarter docilement. Il est content ! Et là, c'est vraiment le top. Je me masturbe assez violemment parce que c'est bizarre mais on dirait que mon sexe est à la fois hyperexcité et demandeur, et en même temps assez anesthésié pour accepter des coups de butoir violents. Je ne fais pas vibrer le truc parce qu'une bite ça ne vibre pas donc je ne vois pas l'intérêt. Et là, tant que je me branle, c'est comme un long orgasme. Je gémis, je crois parfois, il m'arrive de pleurer, c'est trop bon. Ensuite, je me repose un peu sans bouger, je nettoie le gode et je m'habille. Je me sens parfaitement calme et sereine. Pas comme après un rapport sexuel, frustrant dans 9 cas sur 10 !

Mots

Catherine. Salope et mère de famille

Moi ça me dérange pas que mon mari me glisse à l'oreille que je suis une belle salope, pendant que le petit dernier tète son biberon. J'ai tellement entendu qu'une amante ne pouvait pas être mère de famille, ou qu'une fois que tu es mère, tu n'es plus que ça, douce et pas attirée par le sexe, quelle hypocrisie ! Ça c'est un truc de mec qui remonte au fond des âges, où l'homme devait pouvoir compter sur la fidélité de sa femelle pour qu'elle reste bien à la maison élever la marmaille (pendant que lui se tapait sans complexe sa secrétaire, parce que comme chacun sait une maman n'est plus une femme mais un papa reste avant tout un homme). Donc je serais même inquiète si mon mari pensait ça une seconde. En fait notre vie sexuelle est plutôt plus riche et plus intense depuis que nous sommes parents, et je vois mal comment ça pourrait changer. Par contre évidemment le gros porc qui te traite de salope dans la rue avec un air libidineux, c'est ma main dans la gueule.

♥ **Sylvie. Salope, c'est une insulte !**
J'ai horreur de me faire traiter de salope, même si je sais que le mec dit ça pour me faire plaisir. Ça leur ferait plaisir aux mecs qu'on les traite d'enculés et qu'après on leur dise que c'est un compliment ? Tant que les mots seront agressifs comme ça, les rapports ne le seront pas moins, les blocages resteront.

Orgasme

Christine. Priorité au clito
Mes orgasmes clitoridiens sont bien plus forts, plus intenses... que ceux vaginaux. La jouissance par le vagin est moins enivrante, plus brève. C'est très agréable aussi, mais ça me transporte un peu moins.

♥ **Nathalie. Trou noir**
Quand je jouis, mon vagin se contracte... Tous les muscles de mon corps sont tendus, comme étirés... Je sens que mon ventre a chaud et que c'est la partie dans laquelle se concentre le plus le plaisir. Ça dure quelques secondes pendant lesquelles je ne vois plus rien, je n'entends plus rien ou presque, sauf les soupirs ou les cris de mon partenaire et les miens que je ne peux pas retenir.

Amélie. Une onde de chaleur

L'orgasme commence par une onde de chaleur qui m'envahit de la tête aux pieds. Je sens venir comme des spasmes très forts, qui apaisent tout mon corps et me laissent KO. Une fois l'orgasme passé, j'ai encore cette chaleur qui me parcourt le corps. Mes jambes sont complètement molles pendant les contractions de mon vagin. Parfois j'ai l'impression de sentir mon cœur battre dans mon clito.

Natacha. Satisfaction totale

Le temps s'arrête quelques dixièmes de secondes, et je reste comme ça, accrochée de toutes mes forces à mon homme, immobile, et je laisse la chaleur s'éteindre tout doucement et s'échapper de mon corps. Je me sens alors tout ankylosée, je n'arrive plus à remuer, à faire un seul geste. D'ailleurs, à ce moment-là, il ne faut plus que mon homme esquisse le moindre mouvement (s'il a joui aussi, ça aide, car lui non plus ne bouge pas d'un pouce) sinon il me couperait tout l'effet de repos qui me gagne, cette sensation de satisfaction intense et totale.

Alix. Quelle quête !

La sensation de chaleur et de plaisir augmente dans mon clitoris et dans mon vagin au fur et à mesure du rapport. À un moment, le plaisir devient plus fort, plus localisé… Cette sensation s'amplifie jusqu'à l'orgasme où je suis prise de spasmes, où tout mon corps est contracté, « cherchant » celui de l'autre pour qu'il s'enfonce plus et fasse encore durer un peu le plaisir. L'orgasme ne dure que quelques secondes ; mais il envoie des ondes de plaisir dans tout le corps.

Catherine. Non violent

L'orgasme genre « feu d'artifice », je n'y crois pas vraiment. C'est une sensation agréable, mais je ne peux pas la décrire comme « violente » ou « fulgurante ». Mon corps se contracte progressivement au cours de l'acte pour arriver à cet état de relâchement une fois l'orgasme passé. C'est une grande vague de plaisir qui part des parties génitales pour s'étendre dans le reste du corps. Mais parfois la jouissance reste uniquement au niveau du sexe, c'est frustrant. Je trouve que c'est souvent le cas avec les orgasmes clitoridiens, ceux que j'ai le plus facilement.

Christelle. Possédée

Quand je jouis, plus rien n'existe autour de moi. Au départ, je sens que mon clito et mes parties génitales deviennent chaudes, presque brûlantes. J'ai envie « d'avaler » le sexe de mon homme avec le mien. Mon clitoris devient hypersensible, très dur (enfin, c'est mon impression). Mon corps remue comme si ce n'était pas moi qui dirigeais ses mouvements. Je sens la tension monter et s'accumuler dans mon sexe et dans mon ventre. À un moment, c'est trop, je jouis, comme si je laissais partir toute cette tension. Les contractions me prennent et je suis à ce moment hypersensible. Mon homme est prié de calmer le rythme quelques minutes, le temps que la vague de plaisir soit moins forte.

♥ Raphaëlle. Je me sens très amoureuse

Au moment de l'orgasme, tout mon corps se tend, des pieds à la tête. Les contractions sont au début rapides et puissantes pour finalement perdre de leur intensité et être ressenties de façon plus « étouffée ». L'orgasme se propage de mon sexe à tout le reste de mon corps, sauf les bras. Ensuite, je suis détendue et sereine. Je préfère que mon partenaire reste au chaud dans moi un petit moment, le garder encore dans mon vagin. Après quelques minutes, ça passe. Et pendant tout ce temps, je me sens très très amoureuse. J'ai vraiment la sensation de partager quelque chose d'exceptionnel avec mon mari.

Capucine. L'orgasme est différent selon sa localisation de départ

Par exemple, si l'excitation principale se joue au niveau du clitoris, l'orgasme sera plus bref mais plus intense en force. Il reste un peu superficiel, dans le sens où il ne s'étend pas au reste du corps. Si c'est la pénétration qui me donne un plaisir vaginal, mon orgasme est plus profond, plus long, et se propage plus dans mon corps.

♥ Catherine. Automassage du point G. Mode d'emploi

Les filles, vous ne pouvez pas rater ça. Moi j'ai perdu tellement de temps avant de le dégoter, en fait je n'y croyais même pas à ce truc magique, espèce de bouton sur lequel tu appuies et tu décolles direct jusqu'au 92e ciel. Pourtant, il est bien là, et depuis que je l'ai découvert, à force de « l'entraîner », il me répond au doigt et… ! Je rappelle que le point G c'est une zone ultra réactive, capable de procurer des orgasmes à couper le souffle. Il se trouve à l'intérieur du vagin, il a la taille d'une capsule de soda, et pour le repérage approximatif, il se trouve « devant » (vagin côté « ventre », pas côté « dos ») : si vous regardiez votre nombril et que votre peau était transparente, vous le trouveriez juste un peu plus bas, entre « l'entrée » et le nombril. La difficulté, c'est qu'on peut passer dessus sans le « réveiller », c'est trop dommage. Un truc : allongez-vous sur une serviette de bain (douce !) parce qu'il y a toutes les chances pour que vous sécrétiez un fluide abondant quand vous allez jouir, exactement comme une éjaculation (oui, oui, vous n'y croyez pas, moi non plus : je pouffais avant que ça m'arrive).

Alors on y va. Je vous conseille : **1) De le chercher seule, en vous masturbant.** Beaucoup moins impressionnant qu'avec son mec, même si c'est un partenaire de longue date. Et vous pourrez être absolument détendue, ce qui est la condition essentielle pour tomber dessus. **2) Munissez-vous d'un gode de taille « normale »** (surtout pas les tout petits pour anus, très frustrants, ni les trop gros avec lesquels on ne peut pas bien « viser »). **3) Faites pipi avant de démarrer votre exploration. 4) Lavez bien vos mains, coupez vos ongles à ras** (en tout cas ceux qui «entrent», théoriquement l'index et le majeur).

Et c'est parti.
1) Mettez-vous hyper à l'aise, sous votre couette, avec la certitude de ne pas être dérangée pendant une heure.
2) N'attaquez pas direct : il a besoin d'un petit moment pour se réveiller, s'étirer, il faut que vous soyez déjà un peu excitée. Donc commencez par vous caresser tranquillement, ailleurs, sans vous rendre directement sur la zone. Toute impatience réduira la recherche à néant, il faudra recommencer à zéro la prochaine fois.
3) Donc, vous vous masturbez avec vos doigts pleins de salive, vous traînez le long des grandes lèvres, des petites, vous écartez un peu pour faire semblant de pénétrer la fente, vous repartez vers le clitoris, enfin vous faites comme d'habitude. Quand vous êtes déjà bien excitée, que vous sentez le « grondement » dans le ventre, l'appel de la queue, commencez à entrer un et puis très vite deux doigts, **explorez tranquillement** la surface en question : elle doit être bien humide et déjà gonflée, sinon c'est qu'il faut attendre encore un peu. Alors là, deux options : moi qui suis une « routarde » de la chose, j'ai multiplié par 4 encore mon orgasme en me masturbant d'abord le clitoris (jusqu'à jouir) après j'attends un peu, mon vagin est trempé, et j'attaque l'explo du point G. Mais peut-être que ça ne convient pas à tout le monde : essayez avec un orgasme du clito en number 1, puis essayez sans.
4) Donc, retour à la balade intérieure. Si vous êtes « prête », **soyez à fond à l'écoute** de votre corps. Tout le monde peut y arriver, toutes les femmes ont un point G, c'est certain. Donc

vous vous promenez dans la « région », et si vous faites assez attention, c'est facile de sentir une sorte de renflement, comme **une rondelle de caoutchouc**, un truc plus « dense » que le reste du vagin, un peu rugueuse. C'est là. Ne criez pas victoire ! Il faut le stimuler correctement. C'est-à-dire beaucoup, fermement.

5) Ne caressez pas le point G, c'est inutile, quasiment aucune femme ne sent quoi que ce soit si la pression est trop douce. **Il faut au contraire appuyer fermement et tout le temps**, en relâchant un tout petit peu mais pas complètement pour repartir à l'assaut immédiatement après. Essayez surtout de ne pas le « perdre » (la zone, ça ne risque pas, une fois que vous l'avez repérée, vous ne la raterez plus jamais !), mais le plaisir. S'il est stoppé, il peut ne pas repartir (sauf demain !). Vous pouvez aussi appuyer en dessinant des ronds. Le point G adore les mouvements circulaires.

6) Arrivée à ce stade, il y a toutes les chances pour que vous ayez **envie d'uriner** (d'où mon conseil de départ). Ne focalisez pas sur cette sensation, en fait elle est fausse : surtout n'arrêtez pas votre mouvement lancinant, ne lâchez pas l'affaire. Vous n'allez pas faire pipi au lit, c'est garanti ! Au contraire « ouvrez-vous » encore plus, surtout ne vous recroquevillez pas, ne vous crispez pas, même si cette envie monte, monte comme si vous alliez vraiment exploser les vannes. Ça va passer, c'est parfaitement normal. Plus vous allez « monter », plus vous serez excitée, plus vous aurez de plaisir et plus l'envie d'uriner va s'estomper puis disparaître.

7) Le truc c'est que plus vous massez la zone, **plus elle gonfle, et plus ça va être difficile**. Elle s'engorge de sang, la belle, elle en demande encore, encore, encore. D'où mon autre conseil de vous munir d'un **gode**, qui va prendre le relais avec brio. Enduisez-le de lubrifiant (ou de salive) et enfoncez-le doucement. **Il ne faut pas qu'il parasite la séance avec les sensations classiques de pénétration** : le plaisir de l'entrée du vagin doit (essayer de) se faire discret, on n'est pas là pour rigoler mais pour jouir du point G. Tournez-le comme il faut pour que le « gland » en plastique parle avec votre point G. Il faut tâtonner un peu au début, mais vous ne pouvez pas rater parce que là, le point G attend de pied ferme la suite des opérations. Quand vous allez le « trouver » à nouveau, vous reprendrez exactement où vous l'aviez laissé. À savoir : **sensations de chaleur, de picotement, d'électricité...**, c'est vraiment différent du plaisir « normal ». Vous allez aussi sentir des petites contractions (c'est l'utérus), une certaine gêne, comme s'il y a avait un élément un peu étranger en vous, voire même de très minimes impressions de « brûlures » (c'est très ténu) qui, curieusement, participent au plaisir. Il n'y a pas de mot pour décrire ce ressenti, qui n'est pas une douleur (noooooon !) mais quelque chose de très physique, on se sent « dépassée » par les réactions du corps. Ces sensations vont s'amplifier de plus en plus, jusqu'à l'orgasme qui va enfin « libérer » cette tension devenue vraiment insoutenable.

8) Justement, **ne faites pas aller et venir le gode comme si vous faisiez l'amour**. Laissez-le bien en place, en poussant régulièrement avec vos mains pour l'emmener buter toujours plus fort sur le point G : il doit remplacer vos doigts faisaient tout à l'heure, rien de plus (mais surtout rien de moins).

9) Plus vous relevez le ventre (par exemple en glissant un petit oreiller, un pull roulé en boule ou une serviette (une autre !) sous vos fesses, plus ça devrait être intense. Et l'orgasme va venir vous cueillir comme une grosse lame de fond. Un tsunami de plaisir de folie. Arrivée au point 9, il faut le savoir : vous ne maîtrisez plus rien. Votre corps peut se tordre, se tortiller, mais votre main restera sûre et continuera à pousser le gode, avec sûrement des coups nettement plus intenses et désordonnés, mais qui atteindront toujours leur but donc peu importent les moyens : la fin les justifient TOUS. Surtout faites confiance à votre corps, il sait ce qu'il fait, il sait où il va et où il vous emmène. Ne bloquez pas la montée de l'orgasme, même si ça vous effraie de « perdre les pédales » : oui vous allez totalement les lâcher, et non ce n'est pas mal. Ni sale. Il faut s'abandonner, c'est le secret **L'orgasme va vous paraître très, très, très long. De fait, il dure vraiment très, très longtemps.** Et on redescend tout aussi lentement, il y a même des petits « rappels » de « mini-orgasme » qui continuent à vous secouer, à condition que vous respectiez absolument ce point : laissez le gode en place, évidemment pendant toute la partie « jouissance », mais aussi après, parce que pendant la phase descendante, vos parois vont le toucher et peuvent déclencher des petites « répliques » de plaisir, certes moins intenses mais parfaitement capables de bloquer votre respiration. Je dirais que ces **« mini-orgasmes »** sont déjà environ deux fois plus forts qu'un « vrai orgasme classique », c'est dire s'il ne faut pas les rater. Quand décidément le calme est revenu, vous entendez à nouveau les sons normalement (c'est là que vous réalisez le black-out d'il y a quelques minutes), vous pouvez laissez le gode s'enfuir tout doucement lui-même, ou le sortir délicatement et le poser à côté de vous. Restez tranquille, laissez vous envahir par les nouvelles sensations qui arrivent encore (eh oui !).

10) Il y a toutes les chances pour que vous soyez chamboulée. Envahie d'une **émotion vraiment intense**, quelque chose d'inconnu (et qui sera toujours aussi violent à chaque fois). Moi qui apprécie le sexe (mais sans en être folle) et qui ai toujours joui discrètement, avec le point G, à tous les coups je jouis très fort, mon corps bouge dans tous les sens, j'écarte les cuisses comme une folle, je m'entends gémir bruyamment et, parfois, crier, et ça se termine à chaque fois dans un bain de larmes, avec une grosse boule dans la gorge (mais non, ce n'est pas de désespoir, encore un truc inexplicable). Et puis ce resserrement émotionnel ultraviolent s'estompe pour laisser place à une immense sérénité, souvent je dois somnoler 10 à 15 minutes pour bien profiter de « l'après », lui aussi étonnamment différent de l'après-sexe normal.

A savoir :

Il y a des chances pour que vous éjaculiez. Je ne rigole pas ! Bien sûr, le mécanisme est différent de celui des hommes, mais certaines femmes émettent un liquide clair, sans odeur, qu'elles sont incapables de réprimer. Les hommes sont toujours surpris de ce bel hommage, mais c'est en tout cas une bonne raison pour vous masturber : vous saurez si vous faites partie de ces femmes « fontaine » ou pas. (Moi, je sécrète un peu mais vraiment pas de quoi parler d'une éjaculation, donc je ne peux pas vous en dire plus sur ce point. Mais deux de mes meilleures amies m'ont raconté qu'il y avait vraiment un jet qui sortait.)

Les premières fois, il se peut très bien que vous « montiez » vraiment haut (ou moins), mais sans atteindre l'orgasme. C'est normal, j'ai mis 6 mois avant d'y arriver.

Ne faites pas de cette quête un challenge quelconque, c'est le meilleur moyen pour passer « à côté ». Pas la peine de chercher à jouir ni à « éjaculer », ça viendra quand ça viendra. Laissez juste le plaisir monter, donnez-vous à votre corps, c'est tout.

Par la suite, quand vous maîtriserez bien votre point G, vous pourrez le stimuler en faisant l'amour avec votre partenaire (position par derrière recommandée). Mais à mon avis, débuter comme ça est voué à l'échec. Autre possibilité : une double pénétration (avec deux « vrais » hommes, pas avec un toy). Chez certaines femmes, cela titille précisément le point G, parce que les deux pénis « trafiquent » dans le coin, ce qui augmente la pression locale – vous pouvez décoller comme ça, mais c'est quand même plus anecdotique. Avec la masturbation, c'est plus sûr !

> Il existe des sex toys entièrement dédiés au point G. Ils sont évidemment recommandés pour la mission que vous vous êtes fixée. Allez jeter un œil au site www.pimentrose.biz, par exemple, mais on en trouve aussi dans les sex shop, bien entendu.

Tatiana. Polyorgasmique

Moi, je veux bien parler d'orgasme, mais lequel ? Parce que là, vraiment, selon l'endroit d'où il part, ça devrait s'appeler autrement. L'orgasme de la fripouille [le clitoris, *ndla*] c'est le point le plus haut que je peux atteindre, mais après, hop, on peut passer à l'orgasme interne. Qui sera d'autant plus démentiel que le premier a été aigu. Et même dedans, il y des variations importantes. Si elle part du col de l'utérus, la jouissance s'accompagne chez moi de sensations exquise dans les seins et sur la peau, en fait, comme une sorte de séisme. Alors que si c'est le point G, ça me donne envie de faire pipi et ça me coupe la respiration. Et si c'est dans le vagin normal, ça monte tout logiquement jusqu'en haut, sans surprise mais avec toujours autant de plaisir, et ça prend tout le sexe mais rien que le sexe (pour le plaisir) et aussi tous les muscles du corps (qui sont crispés). J'ai lu un passage dans un livre qui disait que les femmes n'avaient que des jouissances du clitoris et que même si elles croyaient que ça venait du vagin, elles se trompaient : ce n'était qu'un aspect du plaisir que pouvait prendre le clito. Alors là, ça m'a bien fait marrer, parce que le mec qui a écrit ça, tout médecin qu'il est, on voit qu'il n'y connaît rien.

♥ Vanessa. Je me fiche de ne pas être vaginale

Je suis 100% clitoridienne et je ne sais même pas ce qu'orgasme vaginal peut signifier. Et franchement, je me fiche complètement de ne pas être « vaginale » ! En termes de sexualité, on s'amuse bien avec mon copain, on s'éclate au lit, je prends mon pied (et lui le sien) et j'adore mon clito qui me donne tant de plaisir ! Idem pour mon partenaire, à qui ça ne pose aucun problème.

Yolande. Ma première éjaculation

Si je ne l'avais pas vécue moi-même, je n'y croirais toujours pas. Mon dernier petit ami (qui est toujours le mien, soit dit en passant) est un vrai virtuose du point G. C'est lui qui me l'a fait découvrir avec beaucoup de patience, en fait je n'arrivais pas à me laisser aller et pour être honnête je n'avais pas perçu tout l'enjeu de ce fameux point G avant de le rencontrer, donc c'était le cadet de mes soucis. Je ne vous refais pas le couplet, c'était absolument incroyable de puissance, un orgasme que je n'oublierai jamais (maintenant j'ai l'habitude, même si c'est toujours aussi fort). Mais ce qui m'a le plus étonnée, c'est effectivement l'émission de liquide que je n'ai pas pu maîtriser, au moment de l'orgasme. Un jet qui est parti sur le drap avec force, en plusieurs fois, comme de l'eau claire. Rien à voir avec de l'urine (comme je l'ai d'abord craint), je ne sais pas du tout ce que c'était, mais comme je sentais que ça montait j'ai juste dit : « Je sens un truc bizarre, comme si j'allais faire pipi, il faut qu'on arrête. » Il a répondu : « Surtout pas ! C'est que tu va bientôt jouir ! Lâche-toi, n'aie aucune crainte, donne tout. » Ces paroles m'ont complètement rassurée, et j'ai pu laisser aller mon plaisir qui ressemblait effectivement à un dégât des eaux… mais alors la jouissance, je ne vous explique même pas comment c'était bon.

PÉNIS

Véronique. Je me souviens de toutes les bites

Ça te paraît vulgaire comme formule mais c'est bien le mot « bite » que je veux dire. Et justement pas avec une consonance vulgaire. En fait, je ne me souviens pas toujours très précisément des hommes avec qui j'ai fait l'amour – la plupart, si bien sûr, mais certains, c'est un peu flou. Mais leur queue reste gravée dans ma mémoire. Je me rappelle chaque goût, des couleurs, des petits poils collés, de la taille bien sûr, des sensations que j'avais en bouche quand elle vibrait, quand le mec tremblait de désir, quand il allait exploser. Je me souviens de leur dialogue avec mon sexe, je me souviens de leur frémissement entre mes doigts, de comment elles roulaient entre mes paumes, de comment le gland s'agitait juste avant de gicler, du liquide qui s'écoulait, parfois joyeux, parfois plus langoureux. Je m'en souviens comme d'un morceau de corps vivant à part entière. Quand la bite se tend vers toi, vers ta main ou ton sexe, alors même que, ça arrive, le mec dort carrément ! Je me suis déjà fait pénétrer par la bite d'un homme qui dormait à côté de moi (c'était pas mon mec, on avait juste atterri là tous les deux suite à une soirée un peu arrosée, on récupérait avant de prendre la route, tout simplement). Le matin, le mec était confus, il avait carrément honte de lui, de ne s'être rendu compte de rien ou presque (seulement sur la fin), on s'est quittés bons amis, pas de problème. Mais c'est sa bite qui est venue vers moi, pas lui. C'est avec ces bites que j'ai fait un petit bout de chemin, pas vraiment avec les mecs qui les portaient.

♥ Jeanne. Micropénis
Je viens de quitter mon mec parce qu'il avait un pénis trop petit. Il devait faire dans les 12 centimètres. Qu'est-ce que tu veux faire avec ça ?

Sophie. C'est déprimant
Une petite queue, même quand tu suces, c'est déprimant. T'as l'impression que malgré tous tes efforts, il ne se passe rien. Même si le mec est à son maximum. Pas de bol.

Poils

Agnès. Sans c'est trop
J'ai essayé l'épilation intégrale il y a peu de temps et depuis, j'ai l'impression d'avoir moins de plaisir quand mon copain me touche ou me fait un cunni, je sais pas si c'est lié ou quoi, mais je me trouve très très sensible, trop en fait.

♥ Laetitia. Pas trop court, svp
Je me suis déjà rasé le minou pour jouer avec mon ami, mais bonjour la repousse ! Ça me

grattait entre les jambes, et lui, les poils en cours de repousse le piquaient ! La prochaine fois, j'essaierai la cire, même si j'ai un peu peur d'avoir mal… Lui ne s'était pas épilé mais je n'en ressens pas le besoin. Je l'ai fait parce qu'il me l'avait demandé, et franchement, je ne trouve pas ça forcément hyperesthétique, donc je ne suis pas très motivée pour le voir lui aussi sans poils, même si chez un homme, ça doit moins changer.

Première fois

Firmine. Faux départ

La première fois que j'ai couché avec un garçon, j'avais 17 ans et lui aussi. Il était maladroit et moi terrorisée à l'idée d'avoir mal. Il a cru me pénétrer mais en fait il avait glissé son sexe entre mes cuisses que je tenais bien serrées, puis il a joui comme ça. Je n'ai rien osé lui dire. Pourquoi lui avouer ?

Marie. Les temps changent !

Avant, pour être respectable, il fallait pas coucher le premier soir, pas sucer la première année, pas se faire trouducuter la première décennie. Aujourd'hui, c'est exactement l'inverse, si tu n'es pas « bonne » au lit dès le premier rencard, tu mérites même pas qu'on se souvienne de ton prénom… Les temps changent !

Seniors

Marlène. Moi, j'aime les vieux

Je les trouve touchants, surtout par leur regard : je trouve qu'on y lit des choses douces et lubriques à la fois. Mais surtout, je les trouve excitants. Attention : pas TOUS les vieux ! Mais quand je craque pour un homme, il est souvent plus âgé que moi. J'ai 29 ans et j'ai déjà été folle amoureuse d'hommes âgés de 60 ans, mais pas plus ! En général, ils étaient surtout âgés de 40 ans, dans ces eaux-là. Et je ne dis pas qu'ils ont un corps plus beau que les jeunes, mais sûrement pas plus moche (je parle de ceux qui m'excitent, pas des bedaines ambulantes). Et puis souvent ils sont plus patients, plus tendres, même si c'est pour mieux parvenir à leur fin : baiser une petite jeune. Et alors ? J'en bénéficie aussi, ils me donnent beaucoup de plaisir ! J'ai aussi remarqué que plus les hommes avançaient en âge, plus ils étaient pervers, et j'aime bien ça. Ils n'hésitent pas, dans le feu de l'action, à me traiter de salope, alors qu'un mec de mon âge aura l'impression de me « manquer de respect ». Dommage ! Ce genre de mots peut être excitant parfois ! Pour qu'ils m'attirent, il faut quand même qu'ils « viennent me chercher » donc qu'ils montrent un intérêt pour le sexe ou au moins le flirt, sinon je ne les vois tout simplement pas. Donc, finalement, peut-être que ces vieux m'auraient séduite s'ils étaient plus jeunes, enfin bref on s'en fiche, le fait est là. Mon problème, c'est peut-être que je n'assume pas vraiment cette attirance. Je suis en effet fiancée à un garçon de mon âge et je le trouve sympathique. Je dis n'importe quoi : bien sûr qu'il est sympa, mais aussi je l'aime, évidemment, tu me fais dire n'importe quoi. Je vais préciser ce que je dis : il arrive très bien à me donner envie de lui quand il me caresse ou me glisse des supers mots dans l'oreille, ou m'écris des lettres dans le dos. Mais s'il n'avait pas fait le premier pas, je ne serais jamais allée vers lui. Alors qu'avec les hommes plus âgés, là je peux vraiment m'imaginer me jeter dans leurs bras, et je pense à des choses précises aussi. Je les dis ? Bon allez je les dis. Par exemple un jour un prof de philo m'a ramenée en bagnole. On était arrivés en bas de chez moi, mais je ne sortais pas de la voiture et pendant qu'on discutait, je m'imaginais ouvrir sa braguette et le masturber, ou je me disais « vas-y, vas-y, prends mon visage entre tes mains et embrasse-moi ». Il ne s'est rien passé, mais en ouvrant la porte de mon appartement, mon cœur battait la chamade et je me suis aperçue que seuls les vieux me faisaient cet effet. Et j'arrive à l'appartement, je vois Mathieu : toc, mon désir retombe aussi sec. J'en aurais pleuré. Et n'allez pas croire que j'étais amoureuse de ce prof : j'avais envie de lui. Je sais très bien faire la différence, puisqu'avec mon copain c'est l'inverse ! Quand je me caresse, je pense obligatoirement à un mec assez âgé, sinon ça « traîne ». Mais bon pas n'importe quel retraité croisé dans la rue hein ! Faut qu'il y ait des affinités quand même. Et surtout il doit être sympa, souriant, il doit donner l'impression d'avoir traversé la vie avec sérénité. S'il est aigri, agressif, je déteste.

♥ Martine. Bite de bois ou langue de soie ?

Il n'y a pas que le pénis dans la vie. Heureusement,

je le sais depuis des années parce que mon mari a commencé à avoir des petits problèmes d'érection assez tôt, et là maintenant ça marche disons 1 fois sur 4. Donc on fait vraiment l'amour une fois par mois, mais les autres semaines (environ 1 séance de sexe par semaine), on se touche, on se lèche, il a une vraie langue de soie maintenant, que je préfère nettement à son ancienne bite de bois ! Eh bien ces moments de tendresse et de sexe, très chauds, sont plus forts que les fois où il y a pénétration, surtout qu'on craint tous les deux à chaque épisode que ça ramollisse en route ou que lui doive s'acharner pour ne pas perdre le fil. Enfin bon, c'est moins serein. Vous verrez plus tard, quand vous connaîtrez ça, là vous êtes jeune mais ça ne durera pas toujours… Alors souvenez-vous de mon conseil : entraînez-vous avant à jouir autrement et à mettre en place des séances de sexe agréables et non orientées sur le pénis. Ça évitera de vous laisser démunis quand les galères commenceront à arriver. Du coup on prend tout ça avec plus de philosophie que bien d'autres couples de notre entourage.

Sexe de mec (si j'avais un)

Claire. Je ferais l'amour à une femme

Oh là là ! je courrais chez une copine pour lui faire l'amour, je lui donnerais un plaisir de folie car je saurais exactement combien de temps rester à l'entrée, à l'agacer avec mon gland, quand il faut m'enfoncer plus avant, tout petit ou très loin, lentement ou comme une bête, comment racler les parois un peu violemment pour augmenter son plaisir. Je suis à peu près sûre que la première fois, j'aurais une éjaculation précoce parce que ça doit être assez fabuleux une barre de plaisir comme ça entre les jambes. Mais je suis certaine de rapidement maîtriser l'engin. Et comme ça je saurais ce que ressent un homme, mon rêve depuis que j'ai roulé ma première pelle.

Virginie. Je me vengerais

Le premier truc que je ferais, ce serait de l'enfoncer dans la bouche de mon mec jusqu'au fond, brusquement, comme mon premier petit copain l'a fait avec moi. C'était insupportable, et même si ça date de 27 ans, je m'en souviens encore. Le deuxième serait de le sodomiser à fond, de m'enfoncer dans son petit cul jusqu'au couilles et de le laisser se débattre en allumant une clope, tranquille. Attention, j'aime mon copain et lui est très doux avec moi. Mais il faudrait quand même que je me venge de tout ce que nous font subir les mecs.

Brigitte. J'irais dans les bois

D'abord pour pisser contre un arbre. Ça je jure que je le ferai avant de mourir, j'en ai trop envie. Ensuite, j'irais traîner au bois de Boulogne, là où les emballages de capotes s'amoncellent, et j'irais baiser un soir avec une ou un parfait inconnu. Le truc n'étant pas tellement de baiser mais de voir comment ça fait de jouir sans mettre à contribution une autre partie du corps que la queue (parce qu'au

Bois tu sais, c'est comme ça, tu baisses ton froc et hop !). C'est tellement impensable pour moi qui ai besoin de temps, de calme, de douceur, de chaleur, de caresses, sinon rien ne se déclenche... ! Donc c'est le côté bestial de la chose qui m'intéresse, et il faudrait que je pénètre, n'importe quoi mais d'humain, de chaud et de doux. Debout, comme ça, t'es sûre qu'on peut jouir ? Mon ex y arrivait mais moi j'ai jamais pu. Peut-être que les filles ne peuvent pas.

> ♥ **Catherine. Transparente, c'est possible ?**
> Je passerais mon temps à mater mon sexe grossir rapetisser, regrossir. C'est fascinant tellement c'est à la fois laid (franchement, ça ressemble pas à grand-chose ce machin qui pend ou qui se dresse fièrement alors qu'il n'y a pas vraiment de quoi !) et en même temps, la mécanique en fonctionnement me sidère de respect. En fait, j'adorerais avoir une bite transparente pour observer tout ce qui se passe pendant l'érection, l'éjaculation, tout ça.

Élise. Dans les vestiaires du XV de France
J'irai évidemment prendre une douche avec le XV de France, traîner dans les vestiaires. C'est MON fantasme, j'y pense depuis que... ben tu n'étais même pas encore née alors tu vois !

> ♥ **Johanna. Je vérifierais que je ne la perds pas**
> Je crois que je serais fascinée, j'aurais tendance à la « sentir » toute la journée, passer vite fait ma main dessus pour vérifier que tout est bien en place. Je ne pourrais pas m'empêcher de la mater

quand je pisse, de la tenir pendant que je fais plus gros (pour être sûre que ça ne se touche pas, mais bon j'imagine que c'est impossible mais quand même, faudrait que je l'ai à l'œil tout le temps), de la tripoter pendant que je lis le soir sous ma couette ou que je regarde la télé (même les infos), bref, ce serait mon gri-gri, mon doudou, on deviendrait inséparables. Je me demande si quand on se lave, qu'on découvre le gland et qu'on passe le savon dans les plis, là, est-ce que ça fait du bien, ou rien du tout ? Ou presque rien ? Je ne sais pas si j'oserais m'en servir avec quelqu'un. Une femme ? Bof, comme ça, ça me dit rien mais en même temps, c'est sûrement fait pour donc je changerais probablement d'avis. En tout cas je ne saurais pas trop quoi en faire au début, ça a l'air d'avoir une vie propre ces machins-là, un peu comme un petit animal.

SODOMIE

Hélène. C'est bien quand c'est bien

Ben oui, tous les hommes ne savent pas le faire, tout simplement. Quand c'est bien fait et que le type n'a pas un trop gros matos (mais pas trop fin non plus), c'est vraiment agréable.

Sandrine. Je le fais parce qu'il faut le faire

Je suis honnête : ça ne m'excite pas du tout, ça me fait mal à chaque fois. Mais bon ça fait plaisir à mon mari alors…

Christine. La première fois…

J'avais super peur et finalement ça c'est vraiment bien passé. Maintenant, c'est moi qui réclame. Pas à chaque fois, mais régulièrement.

Amandine. Détournement de fond

Je redoutais en pratiquant la sodomie de m'exposer à des petits dérapages de type « caca »… Un petit lavement avec petite poire remplie d'eau tiède et le contenu d'une ampoule d'huile de paraffine me permettent de me sentir plus à l'aise. La sodomie représente pour moi l'acte sexuel abouti par excellence, puisque c'est la pratique sexuelle pour laquelle l'alchimie « plaisir physique/cérébralité » fonctionne le mieux pour moi. Tant au niveau social, que culturel ou religieux, la sodomie reste taboue : la pratiquer, c'est transgresser un interdit, avec toute l'excitation que cela peut impliquer. Pour moi, demander à mon partenaire de me sodomiser, c'est me livrer à lui dans ce que je peux avoir de plus intime, de plus personnel. M'offrir analement, c'est m'offrir entièrement, pleinement, sans aucune retenue. En plus, l'idée d'utiliser un orifice qui initialement n'est pas dédié au sexe afin de prendre du plaisir est un concept particulièrement excitant. J'aime l'idée de détourner cette partie de mon corps de sa vocation initiale. J'aime repousser mes limites, explorer mon corps. Les sensations physiques de la sodomie sont particulièrement riches, beaucoup plus variées que celles d'un rapport vaginal. L'instant de la pénétration est un moment spécialement fort. J'aime cette impression d'être forcée, au moment où le sexe de mon partenaire entre en moi.

J'aime les pénétrations un peu brusques, où la douleur cède rapidement la place au plaisir. J'aime sentir mon anus lutter puis se dilater progressivement, jusqu'au relâchement total. La sodomie m'apporte une palette très large de sensations : elles évoluent au cours du rapport, en fonction des positions, du rythme de mon partenaire, de l'état de dilatation de mon sphincter. Pour certaines personnes, un bon repas comportera forcément un plat de fromages, pour moi un bon moment au lit ne s'envisage pas sans sodomie.

Aurélie. Excitant à mourir

J'aime la sodomie. Pour moi, c'est comme tout dans le sexe, il n'y a rien de sale, ni de rabaissant pour autant que les deux partenaires aient vraiment envie de passer à l'acte. Côté sensations, j'y trouve mon compte : mon copain prend tout le temps pour me « préparer » et s'il sent ou si je sens que « ce soir, ce n'est pas ça », on laisse tomber et on passe à autre chose. Quand je suis réceptive, il vient tout en douceur, et franchement, avec du lubrifiant, je trouve ça très agréable. Pendant qu'il est dans moi, je stimule mon clito, c'est excitant à mourir. Les orgasmes que j'ai de cette façon sont différents des vaginaux, mais très forts aussi. À mon avis, c'est dans la tête que ça se passe, parce que j'ai l'impression d'offrir quelque chose de plus à mon ami, de me livrer complètement. Et je crois qu'il y est réceptif.

Corinne. Avec lui je mets des gants

Je le dis tout de suite, avec mon mari, on ne pratique pas la sodomie, je n'ai pas envie, lui non plus. Dans le feu de l'action par contre, je peux introduire quelques doigts dans son anus et il adore ça ! Mais le « sale » moment, c'est que souvent je ressortais un peu « souillée ». J'étais franchement gênée, même si la fois suivante, je pouvais recommencer, sachant le plaisir que cela provoquait pour lui. Et j'ai trouvé la solution ! Je lui ai parlé et expliqué ma gêne quant à ce type de désagréments. Il a compris et depuis, j'utilise des gants extra fins, dits « de chirurgien » avec une pointe de lubrifiant. Maintenant, quand je lui mets des doigts, les sensations sont multipliées car je ne suis plus arrêtée par la crainte de ressortir sale. C'est mille fois plus agréable.

Laure. Une bonne ménagère

Quand j'ai envie que mon copain me sodomise, je ne lui dis rien, mais je me fais un petit lavement le soir même. J'ai acheté une poire à la pharmacie, que je remplis d'eau tiède, et je vais me vider aux toilettes. Je trouve ça plus clean, et je me sens mieux, plus à l'aise avec lui pendant le rapport. Ensuite, quand on passe au lit, il ne tient qu'à moi de l'orienter pour qu'il comprenne que j'ai envie d'une sodomie et que je suis « prête ». Et si finalement, je n'ai pas envie, tant pis, je ne vais pas me forcer sous prétexte que je suis propre !

Émilie. Patience et délicatesse valent mieux que force...

Mes premiers essais, il y a 3 ans, ont été plutôt décevants. C'était pour faire plaisir à mon copain, mais ça m'avait fait mal, et je n'y avais pris aucun plaisir. Par la suite, j'ai réessayé avec mon nouveau copain, et là, surprise, j'y ai pris du plaisir ! Alors, est-ce l'amour ou quoi ? Je pense que c'est plus à mettre sur le compte de la patience et de la délicatesse dont il a fait preuve envers moi. Si je lui demande de se retirer, il se retire, si je lui demande d'attendre, il attend ; je me sens mieux, plus détendue. En plus, il est très attentif à mon excitation, et il ne va pas me proposer s'il sent que je suis réticente ou même si je ne suis pas suffisamment excitée. Ce que je n'aime pas, c'est qu'il éjacule dans moi par derrière, j'aime mieux éviter. Donc la plupart du temps, il jouit dehors, sur mes fesses ou sur mon dos.

Nathalie. Deux doigts de bonheur

J'ai déjà essayé plusieurs fois la sodomie. C'était un peu douloureux, à chaque tentative, finalement pour rien ! On n'avait pas utilisé de lubrifiant particulier (si sûrement un peu de salive, mais trop peu) et je pense qu'on avait pas attendu d'être suffisamment excités. Aucun orgasme en récompense. À la limite, je peux m'arranger pour me toucher le clitoris ou me mettre un doigt en même temps, mais la sodomie en elle-même ne me procure pas de plaisir. Par contre, j'ai eu un ami qui aimait me glisser son index dans l'anus pendant les rapports, et j'ai trouvé ça hyper agréable. Mais rien à voir avec un pénis ! Lui aussi voulait que je le doigte, et je trouvais ça assez excitant.

Pascale. Lendemains qui déchantent

J'ai rarement essayé la sodomie, et je crois bien que je n'aime pas ça. En fait, je n'arrive pas à me sentir assez détendue, même si j'en ai « envie », envie qui est surtout de la curiosité à vrai dire. Les seules fois où j'ai essayé, j'avais fait l'erreur fatale de ne pas utiliser de lubrifiant et je n'en garde pas franchement un bon souvenir. En plus, plusieurs fois mon copain a joui derrière, sympa pour moi le lendemain. Pour le moment, je suis calmée. Bon, peut-être que les choses évolueront avec le temps, là ce n'est pas mon truc.

Maud. J'aime qu'il aime
Au début, j'étais assez réticente. Et puis, on y est venu petit à petit. Mon copain a été très compréhensif, très doux. Avec de la patience, on peut apprendre à jouir pendant une sodomie. L'orgasme est un tout. Pendant qu'il me prend derrière, mon homme me caresse le clitoris, ça m'excite, et comme je ressens aussi son plaisir à être dans moi, mon propre plaisir augmente encore. C'est dans la tête tout ça !

Gaëlle. Stade anal
La sodomie ne m'intéresse pas du tout ! Je ne vois pas le plaisir qu'on retire en se faisant baiser dans les fesses ! J'ai essayé et la seule sensation que j'ai eue, c'est que je faisais caca et que ma crotte rentrait à l'intérieur. Franchement, ça n'a rien de génial. Et je voudrais bien savoir si les mecs auraient autant d'enthousiasme si c'était eux qui devaient se faire mettre.

Alexia. Ils veulent pas qu'on les doigte
Moi j'ai pas de pot, je tombe que sur des mecs qui ne veulent même pas entendre parler d'un doigt.

Je comprends leur point de vue mais je trouve en même temps dommage de ne pas essayer au moins un doigt. Les rares mecs avec lesquels on a pu s'amuser comme ça, j'ai bien senti dans ma tête que pour moi, c'était l'homme qui devait pénétrer et que si là, je lui enfilais un doigt, c'était pas du tout la même chose.

♥ Priscilla. Goder un mec, j'en rêve

J'ai pas beaucoup d'expérience dans le domaine mais le peu que je connais me donne envie d'aller plus loin. C'est vrai que quand tu enfonces ton doigt dans le cul d'un mec, tu le domines, dans le sens où son plaisir est à ta merci, c'est toi qui décides d'arrêter ou non. Mais cette histoire de domination, c'est pareil quand on suce. Là aussi on « domine » le mec si on va par là et ça n'a pas l'air de le déranger ! Moi je fantasme à mort sur l'image de goder un mec, j'en rêve. Mais mon copain est tellement tradi que c'est même pas la peine d'y penser. En revanche, je sais qu'un mec que je croise souvent en soirées est assez « open » là-dessus et si je trompe mon mec, ce sera avec celui-là, pour faire ce que vous savez. Baiser un mec, quel trip ! Le choper par les hanches, voir son cul tout ouvert et toi, avec ton gode, qui t'enfonces à fond dedans, le forcer à bouger, l'aplatir quand tu en as envie, lui braquer une lampe sur l'anus si tu veux vraiment être aux première loges, le mettre sur le dos et continuer à l'enculer en matant bien son visage, ses expressions, sa bite. Quel kif. Mais je ne sais pas si j'aurai le courage un jour…

Raphaëlle. C'est un jeu

Faut pas se mettre la rate au court-bouillon avec ces histoires de sodomie ou non. On fait comme on veut, où on veut. C'est plus marrant de tomber sur un mec qui veut bien jouer, c'est sûr. Mais s'il ne veut pas, on ne joue pas, et ça n'empêche pas de faire des câlins. C'est pareil pour nous, y a sûrement des trucs que vous n'avez pas envie de faire, les filles. Si le jeu ne vous tente pas, inutile de se forcer. C'est pas grave, ni dans un sens, ni dans l'autre.

69

Fleur. Problème technique avec le 69

Si les mecs raffolent du 69, c'est parce qu'ils ne seront jamais à la place de la nana, et pour cause. Pour nous, les filles, c'est pas simple. Faut que l'angle de la bite soit raccord avec celui de notre bouche, pas gagné. Faut être super attentive dans cette position à ne pas planter les dents, ce qui est pourtant la logique même et qui impose un effort supplémentaire (par rapport à une pipe normale je veux dire, où on est installé confortablement et où le problème dentaire ne se pose pas) et du coup on se concentre là-dessus. Ainsi que sur la profondeur de la pénétration buccale parce qu'on est au bord de l'étouffement à chaque seconde. Donc pour notre plaisir à nous on repassera merci. Dernier point, j'ai une copine qui a un grand nez, elle me dit que c'est bête mais en 69, elle ne peut pas respirer. Pour le mec, c'est différent, il risque pas de faire mal, même s'il fait rarement vraiment bien. Il balance un petit coup de langue de temps en temps, qui donne du plaisir, d'accord, mais bon pas plus que de manger une mousse au chocolat, donc au final c'est pas génial.

♥ Jennie. Jouir avec un sexe d'homme dans la bouche

Je milite à fond pour le 69, à condition que la bite du mec soit pas démesurée. Ce qui est le cas de mon homme comme quoi les gars, il n'y a pas de quoi pleurer si vous la trouvez un peu petite. Là, ce qui est simplement parfait, c'est de couler dans la bouche du partenaire tout en ayant son sexe bien palpitant entre ses propres lèvres. Et même si les orgasmes de l'un et de l'autre sont rarement synchro, c'est quand même souvent que l'homme décharge rien que de sentir que sa compagne a orgasmé. En tout cas, moi c'est uniquement un 69 sur le côté, sinon c'est vraiment pas confortable et alors là, dessus ou dessous, faut pas compter sur moi pour aller jusqu'au bout.

Sperme (l'éjaculation)

Paméla. Le sperme, beurk !

Le sperme ça me dégoûte un peu. Sur le moment, ça va, mais après ça refroidit. Et le lendemain matin, c'est comme un plat froid laissé sur la table de la cuisine. Beurk.

♥ Sylvie. Du sperme dans les cheveux

On devrait créer une association de défense de toutes les nanas qui se sont pris du sperme dans les cheveux. L'ADNSC. Elles se reconnaîtront. Vous pouvez envoyer vos dons. On peut donner une adresse, là ?

Sandrine. À l'oeil...
Dans les cheveux ? Franchement, moi j'aurais largement préféré les cheveux, quitte à me retrouver avec un iroquois ! Personnellement, je milite pour la défense des nanas qui se sont pris du sperme dans l'œil et qui ont eu envie de trouer l'abdomen de leur mec avec un pic à brochette. Et toi, t'as plus qu'à soigner ton spermatome en allant acheter un collyre : « Ça vous est arrivé comment, mademoiselle ? » « euh… »

Michèle. Réponse à Jean-Jean (p. 108)
Pour celles qui s'interrogent à propos du goût du sperme (y compris les mecs qui veulent forcer les nanas à avaler), c'est un mix entre du sel et de l'eau de Javel. Si ça vous tente, les filles… Enfin y a pas de quoi faire son ménage avec.

Testicules

Natacha. Couilles animées
J'adore regarder les couilles d'un mec, je peux rester des heures devant ce spectacle, c'est très particulier, la peau se contracte puis se détend, puis se resserre, c'est toujours en mouvement…

Toys

Sybille. Jeux de plein-air

J'ai essayé les boules de geishas, c'est bizarre, pas désagréable, mais bizarre. Je ne crois pas qu'elles soient faites pour être utilisées en même temps que la pénétration... Ça prend déjà assez de place comme ça sans qu'un zigoto vienne les cogner dans le fond. Les premières que j'ai eues avaient des petits piques en caoutchouc, mais je trouve que ça irrite plus qu'autre chose... Je préfère celles qui sont toutes lisses. Je les mets avec mon copain avant de sortir parfois, ça nous excite tous les deux. Mais la réalité, c'est que cette excitation est tout à fait psychologique ! Si je les enlevais discrètement, on serait tout autant excités…

Jane. L'œuf, comme un portable qui vibre

T'as jamais essayé un œuf vibrant ? C'est exactement comme un œuf dans une boîte d'œufs pour faire les crêpes ! Un peu plus petit peut-être. Y a un long fil qui sort, histoire de pouvoir récupérer facilement l'objet en fin d'utilisation. Exactement comme un tampon hygiénique. Tu te l'enfonces bien au fond et le mec te pénètre normalement, sauf que son gland est en contact avec la surface vibrante de l'œuf. Au début le fil peut gêner un peu mais il faut bouger pour ajuster et on l'oublie très vite. Le mec peut aussi râler parce qu'il ne peut pas entrer complètement à fond, un petit bout de son sexe reste dehors… mais bon c'est pas le meilleur bout donc ça fait rien ! Parfois, il faut renouveler la tentative une fois ou deux avant de bien trouver ses marques. Au bout du fil, y a la télécommande magique : quand la nana (ou le mec) appuie, ça vibre. Atomique pour les deux même si les jours où tu n'es pas « en forme », ça peut être un peu irritant, énervant. Tu sais comme un téléphone qui vibre sans s'arrêter. Si t'as pas envie de l'enfoncer, tu peux aussi t'en servir simplement comme vibro en le baladant sur la pointe des seins et en le plaquant contre ton clito. Radical.

Erika. Mon premier toy

C'était la semaine dernière. J'en suis encore toute retournée ! Alors je l'ai commandé par correspondance et c'est mon facteur qui est venu m'apporter THE colis un matin alors que j'étais en retard pour le boulot. Ben d'un coup, j'étais plus du tout en retard, j'ai appelé pour dire que j'avais un problème avec ma bagnole et j'ai maté le paquet posé sur la table pendant 3 bonnes minutes avant d'oser l'ouvrir. Je te jure ! Dedans, la hotte du Père Noël. Mon gode, emballé, trop géant (il m'a paru gigantesque alors que finalement c'est comme une bite normale de joli calibre). Je l'ai extrait de son emballage comme si c'était un lingot d'or, je l'ai touché, senti (odeur de plastique) et passé sur mes lèvres (du haut !) en fermant les yeux. Et je suis partie au bureau. J'y ai pensé toute la journée, je t'assure, c'était vraiment la récompense du jour qui m'attendait à la maison. Quand je suis rentrée, j'étais super impatiente mais je me suis maîtrisée : dîné tranquille, débarrassé, fait la vaisselle calmement, j'ai baissé les stores et je me suis installée dans mon lit, sous la couette. Je me suis masturbée le clito comme d'habitude, j'ai mis de la salive sur mes doigts, j'ai lubrifié l'entrée de mon vagin, j'ai aussi enduit de salive le gode et je l'ai rentré. Sublime. Énorme. Ce que j'ai apprécié par-dessus tout c'est d'abord la constance de la chose (forcément, il reste gros et dur tout le temps !) et le silence dans la pièce. Je pouvais être pleinement à moi et à moi seule. J'ai alterné clito et vagin, j'ai fini par jouir du clito puis 3 fois du vagin. Ça s'est terminé en bain moussant. Mémorable. Prochain achat : un vibro. Mais il paraît que le bruit peut bloquer un peu et que quand tu en prends vraiment conscience, tu es mal. Je te raconterai.

♥ Aline. Jamais sans notre cokring

Nous utilisons surtout le cokring (anneau pénien). Sur les conseils d'une copine on en avait acheté un vraiment bien, cher, avec de la déco, et surtout en métal (oubliez les cok en plastoque, c'est trop nul). La première fois ça nous a un peu paniqués parce que la queue de mon chéri est devenue vraiment foncée, presque violette. Mais il avait jamais eu une érection pareille alors l'excitation l'a emporté sur la peur ! Une vraie bite en béton. Il a éjaculé aussi hyper fort, un truc dingue !

Célia. Un coach à vagin

Voilà, je suis clitoridienne. Et je me suis dit qu'il n'y avait pas de raison que mon vagin fonctionne moins bien que celui des autres filles. Surtout que je ressentais du plaisir quand même, mais pas assez. Donc je me suis dit que tout comme tu vas à la gym 2 fois par semaine, entraîner le vagin 2 fois par semaine aussi avec un toy, ça lui ferait voir du pays comme on dit. J'ai acheté un gode, des boules de geisha et un œuf vibrant. C'est les boules que j'ai préféré, peut-être aussi parce que c'est plus pratique dans la journée. En tout cas ça déclenche des sensations près des cimes, c'est vraiment violent ! J'en ai donc conclu qu'en effet mon vagin n'était pas du tout cassé ou endormi, juste qu'il était mal stimulé. Résultat je suis toujours clitoridienne et avec un mec je m'efforce toujours de l'orienter vers cette zone au maximum histoire de jouir. Mais toute seule, je m'éclate avec mes petits jouets. Notamment les boules pendant un bain ou une douche. Autre option, je me masturbe le petit avec les boules de geishas bien en place, et au fur et à mesure que mon plaisir monte, ça gonfle dedans, ça se resserre autour des boules et je finis par exploser. Rideau. J'ai quand même l'impression qu'en habituant mon vagin à recevoir des « décharges » de plaisir régulièrement, il sera plus en mesure de réagir avec un homme. Si c'est pas le cas, et que je deviens « toy addict », tant pis : de toute façon en ce qui me concerne c'est soit plaisir avec toys soit rien, alors… !

♥ Marie. L'orgasme pour toutes

Les mecs stressent à cause des toys car ils savent qu'ils perdent le monopole de nous donner du plaisir. Parce qu'avec tous ces toys, dont je suis une fervente adepte, c'est clair : l'orgasme est à portée de toutes les nanas. Tout le monde peut jouir avec un toy à 5 ou 10 €, c'est une révolution ! Et autant de fois que tu veux en plus ! Cela dit il est temps qu'ils sachent, ces petits chéris, que si on préfère les jouets, c'est bien qu'il y a des raisons. Avec un toy tu es sûre de jouir. À nous le crac boum hue, le joujou extra !

Laure. Jeux interdits

Dans mes relations précédentes, il nous arrivait d'utiliser un gode pendant nos rapports sexuels. C'était un tout petit gode, que mon copain me mettait dans l'anus en même temps qu'il me pénétrait. Rien de hard ! Mais quand j'ai sondé le terrain avec mon copain actuel, j'ai compris qu'il n'était pas très ouvert sur ce type de jouets. Du coup, ils restent au placard. Heureusement ça ne m'empêche pas de jouir, mais je me demande comment va évoluer notre sexualité si on ne peut pas la vivre comme quelque chose d'un peu « ludique ».

Isabelle. Resserrer les liens

J'ai offert des menottes à mon mec pour mettre un peu de piment dans nos ébats. On les utilise de temps en temps, mais en fait je panique vite à l'idée d'être attachée. Du coup, c'est moi qui l'attache, n'importe où, au lit, à la fenêtre, au radiateur. Je n'ai jamais essayé ni gode ni rien, mais pourquoi pas. Si ça tente mon copain aussi, si ça nous excite, je n'ai aucune objection.

Valérie. Le jeu des familles

Nous avons des accessoires que j'utilise seule, quand mon mari est en déplacement, ou parfois avec lui pour pimenter un peu nos galipettes! J'ai une paire de boules de geishas, mais à vrai dire, c'est surtout pour rigoler, ça ne fait pas grand chose. J'ai juste l'impression que ça « dilate ». On a aussi des vibros de différentes couleurs et tailles, un petit, un moyen et un assez gros. On les utilise ensemble, pendant un cunni par exemple, ou analement pendant une pipe pour mon chéri.

> ❤ **Pucette. Boules de Geisha, mode d'emploi**
> J'ai essayé plusieurs modèles de boules de geisha avant de trouver le bon. Patiemment, j'ai éliminé ceux qui « pincent », « piquent », « grattent » ou assèchent en 10 minutes chrono (ça c'est le vrai problème des boules de geishas). En achetant sur internet, je suis tombée sur une boîte qui en propose en jelly, une gelée super réaliste. C'est génial, j'en ai du coup racheté 2 autres paires au cas où… Donc j'annonce la couleur : quand je ne vais pas bosser, je sors presque toujours avec mes boules de geishas. C'est moi qui les mets, moi qui les retire, je veux être totalement maître de mon plaisir. Comme ça je t'assure que tu vois la vie en rose, les gens dans la rue te semblent charmants, t'as l'impression que tous participent à ton plaisir. Une vraie drogue dure ! Sinon il paraît qu'on peut utiliser les boules de geisha pendant la pénétration, je ne vois pas trop comment c'est possible.

Paula. Mon mec va finir par céder
Mon mec ne voulait pas qu'on achète des toys mais à force de le travailler au corps (hé hé…), il va finir par céder, je le sens. En attendant, j'ai acheté un papillon. Un truc que tu te colles autour du clito ou sur le vagin si tu ne veux pas jouir direct dans

l'ascenseur quand tu descends les poubelles, et tu actionnes la télécommande quand tu es toute seule, genre en balade au parc ou dans un endroit ultra animé. Attention, tu grimpes très vite au plafond, alors les filles qui jouent les cantatrices… méfiez-vous ! Au début, j'avais pas trop pigé comment il s'accrochait et je l'utilisais manuellement, dans mon lit, en l'approchant plus ou moins près des zones réactives. Bien mais c'est quand même dehors que tu as les plus grands trips avec ce genre d'ami fidèle ! Un conseil : n'en achetez pas des trop compliqués. Plus c'est simple, mieux ça marche.

> ♥ **Martha. L'effet papillon !**
> J'ai le papillon, il a la télécommande… et on sort tous les deux. C'est lui le maître. Il « zappe », me procurant du plaisir ou m'en privant comme ça, à distance. C'est carrément génial parce qu'on est là, au milieu de tous ces gens qui s'agitent et qui ne remarquent rien, et lui plonge ses yeux à fond dans les miens (une vraie pénétration), me prend la main et… appuie sur le bouton. Je vous jure que c'est une autre façon de faire l'amour. Tous les deux, l'un dans l'autre ou presque. Il a déjà joui en me regardant monter lentement, il paraît que j'avais un regard voilé, hypersexy. C'est vrai que je finis souvent par jeter la tête en arrière quand je suis au bord, et je sais que ce mouvement d'abandon l'excite au plus au point.

Anne-Catherine. C'est beau, les hommes
Certains hommes trouvent ces substituts aux couleurs fluo hilarants, mais d'autres commencent à

se poser de sérieuses questions. En d'autres termes : et si les femmes n'avaient plus besoin des hommes pour... ? Relax !
Un toy, c'est rigolo. Mais un homme, c'est beau. Et puis un homme, ça se touche partout, ça se caresse, ça se goûte, ça se sent, son sexe palpite, réclame, vit dans nos mains, notre bouche, nous. Un homme ça sourit au bon moment, ça regarde avec des yeux qui fouillent nos yeux à nous, ça parle et sa voix nous chavire, ses éclats de rire s'impriment dans nos neurones. Les fesses d'un homme, c'est indicible et aussi le bas de son dos. Les doigts d'un homme, c'est une promesse de 100 000 histoires qu'il racontera à notre peau, nos cheveux, notre sexe. Le sperme d'un homme, c'est chaud, c'est doux, c'est bon. Et puis, le cœur d'un homme qui cogne dans sa poitrine, synchro mais séparé du nôtre par quelques centimètres de peau et de sang, c'est de la vraie magie : quand on ferme les yeux, son cœur à lui palpite dans notre corps à nous. Ça résonne jusqu'à nous rendre sourde à toutes les agressions du monde. Un homme peut aussi nous réveiller en nous faisant l'amour. Un homme qui s'abandonne entre nos lèvres ou dans nos mains, et qui en est fier, c'est la vraie vie. Un homme qui gémit, qui bafouille d'une voix rauque, qui crie ou qui pleure de plaisir, qui colle sa bouche contre la nôtre et qui nous offre son souffle au moment où il vient, ça permet de respirer mieux. Bref : un homme c'est irremplaçable. D'accord ?

10 POINTS QU'IL FAUT QUE TOUS LES MECS COMPRENNENT UN JOUR OU L'AUTRE

Ce qu'elles veulent dire à tous les garçons…

On sait que vous avez peur de nous aborder. On en joue aussi, c'est vrai. Le truc qui fait mouche à coup sûr et avec lequel vous ne risquez jamais le râteau méchant, **c'est la finesse**. On pourra dire non, mais gentiment. Alors que les plans « tu es libre ? », « j'adore tes yeux » ou « t'es une chaude », franchement…

Nous non plus on ne sait pas comment nous y prendre quand vous nous plaisez. Les messages subliminaux du genre « ce week-end j'aimerais bien aller me balader le long de la Seine avec un mec sympa » sont souvent interprétés comme « à lundi », alors que le type avec lequel on aimerait marcher main dans la main, c'est vous. Mais en même temps si on vous dit ce qui nous passe par la tête (« je ne pense qu'à un seul truc, c'est de te rouler une pelle » ou simplement « j'ai envie de toi »), ça vous effraie. Alors comment faire si vous avez peur des choses vraies et simples telles que vous nous les dites, vous, depuis des millénaires ?

On n'est plus au Moyen Âge. Pas la peine de nous faire une cour de 4 mois avant de nous effleurer les doigts comme par mégarde un jour, dans un kiosque à musique. Si vous nous plaisez et qu'on vous plaît, on attend quoi ?

Oui, la taille compte, désolées. On est unanimes : non aux énormes engins qui cassent tout mais trop petit, c'est trop petit, on ne sent rien. Les bla-bla rassurants genre « c'est la technique qui compte » ou « c'est dans les premiers centimètres que ça se passe » nous font doucement rigoler. On connaît toutes des copines qui ont plaqué leur mec à cause de ça, les plus charitables ne lui ont pas dit pourquoi. Mais si un garçon trouve déjà qu'elle « ne fait pas le poids » et qu'il se fait larguer régulièrement sans vraie raison, peut-être faut-il qu'il se pose des questions. En revanche, les « petites bites » peuvent être des amants sublimes, à condition de développer un genre de sixième sens sexuel : technique de cunni de folie, douceur sans limite, abnégation, etc. Mais un vantard qui ne fait aucun effort pour nous donner du plaisir autrement qu'avec son petit moineau, c'est poubelle.

Les mecs qui parlent tout le temps nous ballonnent. On en connaît des tas qui ne savent pas fermer la bouche. Dès le matin, c'est crécelle. Ça use, les gars. Surtout si c'est pour entendre des trucs généralement pas intéressants, comme des détails sur votre vie passée ou comment vous appréciez vos tartines. On s'en fout.

Lors des rencontres, les capotes, c'est pas en option. C'est déjà suffisamment difficile pour nous de vous en parler, de « casser » un peu le trip, mais il y en a marre de rencontrer des mecs concernés ni par le sida, ni par les autres MST, ni par les bébés. Beaucoup d'entre nous sommes timides et osons à peine aborder le sujet, ça serait bien que, au moins pour ça, vous vous sentiez un peu responsables. Avec la plupart des mecs, t'as l'impression qu'ils sont ravis de pouvoir venir tirer leur coup mais il faut qu'il n'y ait aucune entrave et qu'on les emmerde pas avec nos soucis « de bonne femme ». On rêve !

☠ **Les mecs qui mendient une fellation, c'est glauque.** Parce qu'on n'a pas envie de coucher, qu'on est fatiguées ou qu'on a nos règles, il n'est pas rare d'entendre « bon alors, au moins une petite pipe ? ». Il faut vraiment être indélicat et bouché à l'émeri pour insister aussi lourdement. Est-ce que vous imaginez un soir où vous rentrez crevés, nous on a « envie », vous nous répondez gentiment « bof » et on revient à la charge avec un « bon alors, juste un petit cunni ? » Ça sent pas la tarte dans la figure, ça ?

☠ **On sait repérer un pot de colle.** C'est une hantise. Évitez les plans mielleux, les avalanches de compliments douteux, les textos quotidiens version « je t'embrasse tendrement ». Une fois de temps en temps, c'est fort et c'est bon. Le coup de fil réglementaire du jour (voire pluriquotidien), ça nous donne envie de hurler. D'ailleurs on fait semblant de ne pas entendre notre sonnerie. Ah, vous ne le saviez pas ça ?

☠ **L'épate au fric, à la grosse bagnole ou au job merveilleux, gardez-la pour vous.** Ça c'est le top du ringard, le sommet de la non-séduction. C'est pas avec vos billets de banque qu'on va coucher, et c'est pas parce que votre voiture coûte 150 patates qu'on sera plus excitées par la toison épaisse qui sort de votre chemise Hugo Boss.

☠ **Le matin au réveil, nous ne sommes pas des trous.** On sait que les mecs ont la gaule le matin et qu'ils n'y peuvent rien. Mais se faire enfiler chaque jour à la même heure juste pour vous laisser assouvir vos pulsions, parfois, ça nous pèse. On sait bien que c'est ni de l'amour ni de l'excitation pour notre petite personne, mais que vous êtes bien contents de trouver bobonne sous la main pour votre petite affaire. Essayez au moins d'y mettre les formes.

DU MÊME AUTEUR, AUX ÉDITIONS LEDUC.S,

Les meilleurs secrets aphrodisiaques, 2009.

Achevé d'imprimer en Espagne par
LITOGRAFIA ROSÉS S.A.
Gavà (08850)
Dépôt légal : mai 2008

Avec la collaboration de Catherine Dupin

Quatrième impression (décembre 2009)
33, rue Linné
75005 Paris – France
E-mail : info@editionsleduc.com
Web : www.leduc-s.com
ISBN : 9-782-84899-144-3

ANNE DUFOUR

CE QUE LES HOMMES NE DISENT JAMAIS AUX FEMMES

ET VICE ♂ VERSA ♀

LEDUC.S ÉDITIONS

À tous ceux qui aimeraient être une petite souris et participer aux dîners de filles et aux sorties entre mecs.

Introduction

Dessus, devant, dessous, debout, à genoux, pas du tout… Comment ils s'aiment ? Et est-ce qu'ils aiment comment ils s'aiment ? Pas si simple. Parfois oui, parfois non, parfois ils ne savent pas s'ils aiment ce qu'ils font, ou ils aimeraient bien mais bon…

Célibataires, couples, homo, bi, nous avons interrogé plus de 200 hommes et femmes. Tous ceux qui ont accepté de répondre à nos questions plus qu'indiscrètes se retrouveront au fil des pages, et souriront sans doute au prénom fictif qui leur a été attribué. Il y a les bavards, qui parlent beaucoup mais ne disent pas grand-chose, les pudiques, qui effleurent le sujet tout en dévoilant l'essentiel, ceux qui mentent, rougissent, se ravisent, s'excusent et recommencent, celles qui n'ont rien à dire mais qui, finalement, discourent pendant des heures…. Première surprise : ceux qui parlent le plus ne sont pas forcément ceux qui en font le moins.

Photo de famille

Selon l'expression consacrée, il ne s'agit pas d'une étude sociologique quantitative ni d'une étude de cas représentative des pratiques sexuelles moyennes de nos contemporains. Les couples n'y expérimentent pas systématiquement la sodomie, l'échangisme ou même le sexe oral. Alors que les témoignages que nous avons retenus et retranscrits portent sur un éventail assez large de pratiques. Ce recueil de déclarations ressemblerait plutôt à une « photo de famille ». Nous avons parlé avec chacun des « membres », en tête à tête ou au téléphone. Nous n'avons pas jugé utile de dévoiler leur profession ; d'une part pour mieux respecter leur anonymat, et d'autre part parce que nu dans un lit, un ingénieur en informatique ressemble drôlement à un décorateur d'intérieur. Quant à la description physique, même absence, mêmes raisons.

Nous avons décidé de laisser la parole à ces vrais héros du quotidien sexuel, intégralement, sans ajouter quoi que ce soit à leurs confidences. Un seul mot, un seul commentaire, et leur expression aurait perdu de sa force. Nous ne voulions ni juger ni rédiger un livre dans lequel les témoignages seraient prétextes à nous épancher sur nos propres désirs. Les ouvrages de sexualité dans lesquels quelques courts aveux sont « entrecoupés » de longs commentaires solennels et supérieurs nous paraissaient sentencieux et pompeux. Nous voulions nous taire et écouter.

Pourquoi ? Parce que :

« Au lit, avec Thierry, c'est pas que ça se passe vraiment mal. C'est juste que… tu vois… à chaque fois il commence par un cunnilingus et comme il s'y prend pas très bien, ça dure longtemps, et en fait j'en ai marre que ce soit pareil tout le temps. C'est un peu nul. Mais je n'ose pas lui en parler parce qu'il est tellement adorable…» raconte Nadia. Le lendemain, nous rencontrons Thierry et lui parlons de notre enquête : accepterait-il de témoigner pour un livre sur la sexualité ?

« Bien sûr ! Surtout qu'avec Nadia ça se passe super bien. Je crois qu'on est vraiment sur la même longueur d'onde. Par exemple, j'adore la mettre en confiance donc je lui fais un cunnilingus à chaque rapport. Elle adore ! »

En fait, donc, ces longues, savoureuses et passionnantes discussions avaient un but. Essayer de mieux se comprendre les uns les autres, de mieux s'entendre, de mieux se toucher. Et pour écouter l'autre, pas de mystère : il ne faut surtout pas parler en même temps. C'est là que se révéla la deuxième surprise : parler, tous ces hommes et ces femmes ne demandaient que ça. Râler, raconter, converser, revendiquer, exprimer son dégoût ou ses attentes, bafouiller parfois, sourire souvent, pleurer de temps en temps et se fermer rarement… ils l'ont fait le plus sincèrement et spontanément possible, et ce qu'ils disent est tellement naturel qu'on a envie de les embrasser sur la bouche.

De l'amour et de la Danette au chocolat

Troisième immense surprise : à part quelques bricoles, les hommes et les femmes recherchent la même chose, parlent de la même chose, et fondent devant les mêmes choses : amour, tendresse, gentillesse, douceur et Danette au chocolat. Mais comme les mâles sont incapables d'exprimer le moindre sentiment (il paraît que c'est génétique, qu'il ne faut donc pas leur en vouloir) et que les femelles s'escriment à leur arracher ce qu'ils sont inaptes à offrir (des mots), ça ne simplifie pas les rapprochements. « Tu m'aimes ? » veulent savoir toutes les femmes, « Ça dépend ce que tu entends par là », sont tentés de répondre tous les hommes. La suite n'est qu'une cascade de malentendus. Qui se règlent au lit.

Parce que, quatrième et dernière surprise (mais en est-ce vraiment une ?), tout est sexuel… sauf le sexe. Pour elles comme pour eux, c'est sous la couette, au moment X, que déferlent les blocages, hontes, sentiment de dévalorisation ou d'insécurité, de peurs et de complexes d'infériorité. Bref : tout sauf le chapitre zizi. Alors qu'à la photocopieuse ou chez le Chinois en engloutissant des nems, tout n'est prétexte qu'à se frôler, à ne parler ou à ne penser qu'à « ça ». Allez comprendre quelque chose à la nature humaine…

Voilà en résumé ce que nous ont enseigné nos interlocuteurs. Mais en résumé seulement, parce que dans les pages qui suivent, c'est mieux, c'est long, c'est bon. Que tous soient sincèrement remerciés pour leur confiance. Parce que finalement, les vrais auteurs de ce livre, ce sont eux.

1.

Ce que les hommes ne disent jamais aux femmes

Sommaire

Abstinence

Christian. Plutôt être frustré que déçu
Je sais que ça va vous paraître hallucinant, mais moi je n'aime pas trop baiser. Évidemment, la sensation n'est pas déplaisante, mais en fait c'est assez inégal. Alors qu'avec une soirée entre potes, ou un bon repas, ou une super expo, on n'est jamais déçu. En fait, je crois que c'est le côté « obligatoire » qui me déroute et même me dégoûte. Je me dis que presque tous les mecs baisent leur femme le matin parce qu'ils se réveillent en bandant, c'est vraiment du rut et rien d'autre. Où est l'amour là dedans ? Et les mecs qui se servent de leur partenaire comme d'un trou, comment peuvent-ils clamer qu'ils aiment les femmes ? Et elles, comment peuvent-elles accepter ça ? Je suis marié, et ma femme a très rarement envie de faire l'amour. Environ deux ou trois fois par an (je sais, c'est dingue), mais à chaque fois c'est super, c'est magnifique, j'ai l'impression qu'elle m'offre vraiment quelque chose. Alors que si elle écartait les cuisses dès que j'en avais envie, quelle preuve d'amour ce serait ? Avant, j'ai vécu longtemps en couple avec une fille qui avait envie tout le temps (une fois par semaine ! *ndla*) et en fait c'était rarement bien… peut-être quatre ou cinq fois par an ! Alors bon, si on fait le calcul… Bien sûr, j'ai des envies et des pulsions. Je me masturbe mais c'est vraiment rare, quand je n'en peux plus. Parce que là encore, se branler par habitude, je trouve que c'est tout sauf se respecter. Donc j'ai quelques aventures de temps à autre. Ma femme le sait, ça ne la réjouit pas mais elle comprend que j'en aie besoin. Et en

général, je me dis que j'ai vraiment raison de ne pas passer mon temps à « ça ». Et ça m'arrive de simuler, du coup, pour en finir plus vite avec cette gymnastique ! En fait, ce que j'aime, c'est le désir. Peut-être que je ne suis pas assez mature, que je n'ai pas assez « grandi » mais c'est comme ça : je trouve tout ce qui est « avant » délicieux. Bref, je préfère être frustré que déçu. Le top, ce serait de ne plus bander. Ça ce serait un vrai soulagement. Ne plus avoir cette sensation d'urgence, ce besoin de se vider. Alors la baise, pourquoi pas, mais s'il n'y a rien d'autre de mieux.

♥ Marc. 95 fois sur 100 l'homme s'emmerde en baisant

Un truc qu'il faut qu'on m'explique. Pourquoi faut-il se forcer à être un bon amant si on ne l'est pas ? Je veux dire : mes parents ne m'ont jamais obligé à faire du dessin ou de la musique : j'ai essayé, je suis mauvais, qu'ajouter ? C'est comme si on se forçait à dessiner sans talent, je trouve ça pathétique. Ce qui explique l'engouement des gens pour ces guides de cul vraiment débiles qui sortent par centaines chaque année. Appuyez ici, faites ça, pensez comme ci, baisez comme ça… est-ce que vous croyez vraiment que ça fait de quelqu'un un bon amant ? Il faut vraiment être naïf. Donc, je ne suis pas un bon amant, mais c'est comme ça. Je pense que c'est parce que la baise ne m'intéresse pas, tout simplement parce que c'est TOUJOURS pareil. Alors que voyager, manger, lire, c'est à chaque fois des émotions différentes, des découvertes. Et ne croyez pas que

je sois le seul au monde dans ce cas ! Loin de là. Les mecs ont beau la ramener comme ça, en groupe, en fait en petit comités, il y en a plein qui soupirent parce que ce soir ils vont devoir baiser bobonne. Ils se marrent parce qu'ils se vident les couilles plus agréablement que moi, avec ma main, mais au fond qu'est-ce qui change ? C'est aimer le sexe, ça, de râler après sa gonzesse alors qu'elle, elle doit faire pareil de son côté, et se retrouver quand même l'un dans l'autre ? Non merci, très peu pour moi, quelle hypocrisie. Oh, je sais, oser dire ça, c'est aller à l'encontre de « ce qui se fait ». Aujourd'hui, il faut aimer baiser, et le plus possible, sinon tu es un pédé ou un détraqué. Sincèrement, je ne pense pas que ce soit mon cas. J'aime les femmes, je les adore même, j'apprécie leur compagnie : je les trouve plus fines que les hommes d'une manière générale, plus sensibles et plus douces. Même si elles me sont tout de même étrangères. Mais je n'aime pas spécialement leur présence physique. Par exemple, une femme qui se colle à toi dans le lit alors que tu n'as qu'une envie, t'étirer et t'étaler de partout pour dormir, ça ne me fait pas triper. Désolé.

Benoît. Raplapla

Le sexe. Oui, c'est un concept. Moi, je n'ai plus de libido, je ne sais pas ce qui se passe depuis quelques mois, si c'est le tourbillon du quotidien, le fait que je ne suis plus si amoureux de ma femme, les enfants et leurs contraintes, la pression au boulot, en tout cas, c'est raplapla. J'ai même pas envie d'essayer, j'ai pas le désir. C'est pas que la mécanique marche

pas, je me réveille toujours avec une belle érection, mais même celle-ci, je n'ai rien envie d'en faire. Ça arrive que je me branle comme ça, presque par inadvertance, sous la douche, mais le cœur n'y est pas. Je pense que c'est une mauvaise passe, que tout va bientôt revenir comme avant.

Rollie. Puceau à vie
Je ne sais pas si je ne suis pas assez beau, assez riche ou quoi. Ou peut-être trop con. En tout cas, après des années de râteaux, j'ai décidé d'arrêter de tenter ma chance. Voilà. Si ça vient, ça vient, sinon je resterai puceau toute ma vie. C'est effrayant mais que puis-je faire pour rencontrer quelqu'un ? Je ne veux pas me résoudre à aller voir les prostituées, d'abord je n'oserai jamais et ensuite ce n'est pas ce qui m'intéresse, je voudrais donner, partager, échanger, pas tirer un coup. Le plaisir je connais (masturbation tous les jours, plusieurs fois par jour). J'ai juste besoin qu'on s'intéresse à moi, je cherche de la tendresse, de l'attention.

Amour

Jean-Philippe. On ne baise pas pareil selon le plan
Les mecs classent tous les nanas en deux grandes catégories, et je pense que c'est exactement pareil du côté des filles. Tu as d'un côté le one shot* avec laquelle tu fais tout, tu t'éclates, c'est fun. Et de l'autre la fille pour laquelle tu sens que tes sentiments sont troubles, que tu pourrais bien être amoureux.

Alors là on devient un peu plus timides voire timorés, on demande pas les même choses, on fait pas les mêmes gestes et même, bizarre mais vrai, on n'a pas les mêmes envies, c'est carrément space. Par exemple, un one shot qui suce pas, c'est même pas la peine elle se rhabille et elle se casse. Par contre, une fille « sur le long » qui suce pas la première fois, c'est pas grave, voire même c'est mieux. C'est comme un feuilleton, tu finiras bien par avoir ce que tu veux mais en temps et heure.
**Rencontre d'une nuit.*

> ♥ **Eric. Plus de sentiments = plus de plaisir**
> Alors moi c'est très simple : plus je suis amoureux, plus je jouis, en tout cas plus j'ai l'impression de prendre du plaisir. J'ai été avec de bonnes techniciennes qui m'ont mené à l'orgasme, mais bon voilà. En revanche, grands souvenirs de grands frissons avec les deux partenaires qui ont partagé ma vie, l'une pendant 5 ans, l'autre pendant 2 ans. Rhhhhhââââ !

Filou. Cœur d'artichaut
C'est terrible, je crois que je n'ai jamais été vraiment amoureux. Ou alors 5634 fois. Tu crois que ça compte ?

Anilinctus

Xavier. Je suis un méga fan mais c'est trop rare
J'en ai rêvé mais… c'est rare que ma femme me le fasse. Quand je dis rare c'est parce que je suis sympa.

Si Sony pouvait s'occuper des choses du sexe, les hommes seraient sûrement plus facilement comblés ! (Tu sais : « j'en ai rêvé, Sony l'a fait… ! ») Bon, cette petite pique un peu gratuite passée, voilà. J'adore sentir la petite langue fraîche d'abord et de plus en plus chaude dans cette zone, c'est… comment dire… inattendu. Une de mes ex était top pour ça, en plus elle avait trouvé le truc : pendant qu'elle me léchait doucement l'anus, elle me rentrait un doigt et me branlait en même temps. J'étais sur le dos, les jambes posées sur ses épaules. Un vrai rêve. Je te dis pas les orgasmes. J'ai jamais retrouvé ça depuis.

♥ Brian. Ça me dégoûte

Franchement ça me file la gerbe. J'ai horreur de le faire et du coup j'ai horreur qu'on me le fasse. Je suis ultra gêné quand on s'approche de ce coin-là et un truc qui bouge à cet endroit, à l'entrée, ça me fait comme l'effet d'un petit ver qui sort, je ne sais pas comment expliquer mais pour moi c'est niet.

Vincent. Oui à la lèche, non au doigtage sauvage

Pourquoi les filles se mettent en transe dès qu'elles nous enfoncent un doigt ? Si la sensation de la pénétration (doucement svp ! et avec plein de lubrifiant ou de salive, merci !) avec un petit doigt prudent est sympa, le plan je te déchire le cul avec deux doigts en t'arrachant tout dedans, vraiment c'est pas mon truc. Je préfère de loin une feuille de rose, quitte à ce que la langue entre loin et le plus profond possible. Tu comprends au bout de la langue, y a pas d'ongle et ça change tout.

♥ Marco. Un étrange sentiment d'envahissement

J'aime l'idée que la femme me prend tout doucement, gagne du terrain, millimètre par millimètre, j'aime sentir sa langue qui fait semblant d'hésiter au début, puis qui lèche, puis qui lape franchement, et qui pénètre enfin comme « sans faire exprès ». Elle ressort, elle rentre à nouveau, un peu plus dure, un peu plus loin, et moi, à chaque assaut, je décroche un peu plus, je me sens « pris », « pénétré », « offert ». C'est probablement une sensation toute féminine et j'imagine que certains mecs ont du mal à lâcher prise à cause de ça. Dommage pour eux.

Olivier. Plus facile quand on est bi

Je suis marié mais depuis quelque temps, je « vois » un garçon. Avec lui la sexualité est totalement différente. Cécilia est adorable mais un peu classique, elle est très tendre mais pas très ludique. Jordy m'a ouvert la porte de nouveaux plaisirs et même si les sensations en elles-mêmes ne sont finalement pas si différentes, après tout un orgasme est un orgasme, c'est plus amusant, plus puissant, plus varié. Mieux. On se fait des anu l'un après l'autre. Celui qui reçoit est debout contre un mur, il reste habillé en haut mais dégage son froc et se penche en avant, comme pour ramasser un truc par terre. L'autre le lèche en écartant bien les fesses quand il a les mains libres, sinon il le branle en même temps. Sympa. Cécilia déjà, y a pas moyen de l'embarquer dans ce genre de trucs…

♥ Calvin. Ouiiiiiiiiiiiiiiii

Peu d'expérience mais celle que j'ai m'a fait

grimper au rideau. Je ne sais pas comment s'y prenait la fille mais je sentais sa langue partout à la fois : sur l'anus, sous les bourses, dans la zone entre les deux. C'était une iguane ou quoi ? Il paraît qu'un anulingus c'est un peu comme un cunni, alors je comprends mieux pourquoi les nanas adorent les cunnis. Tu sens que la langue toute douce est faite pour rencontrer cette partie de ton anatomie toute douce aussi.

Gérard. Je ne me retiens pas

Avant, je n'y pensais même pas. Maintenant que j'y ai goûté, c'est vraiment un des trucs que je préfère. Avec un doigt ou deux, je grimpe direct et je jouis facile, surtout si la fille passe de la fellation à l'anu et revient sur la fellation, etc. Quand je sens que je suis assez chaud et pour éviter les sensations discontinues, la fille reste à me lécher le petit trou et à me doigter pendant que je me branle pour me finir, arrivé à ce stade ça ne dure jamais plus de quelques secondes.

Romain. J'aime que sa langue me pénètre

J'adore sentir qu'elle joue avec ça et que c'est pas un passage « obligé » mais un vrai jeu pour elle. Je suis ultra détendu et elle peut faufiler son petit bout de langue en moi, ça me rend vraiment… je ne sais pas comment dire… à elle. Elle a beau me prendre, avec un tout petit millimètre ou un peu plus (ça ne doit pas entrer bien loin), c'est comme si elle me possédait entièrement. Très bizarre ! Après elle peut littéralement me dévorer le cul, je suis comme liquéfié de plaisir, elle prend tout, elle rentre des doigts, sa langue, elle ressort, elle lape avec une

langue impatiente et bien à plat. Surtout pas des petites minauderies, des petits coups de langue de rien du tout comme si mon cul était bouillant ou glacé ! Je veux être nettoyé, avalé, baisé.

Renaud. Mon fantasme n° 1
Clairement c'est une fille qui me lèche le cul et une autre qui me suce en même temps. C'est jamais arrivé mais à chaque fois que je suis à quatre pattes sur le lit à me faire bouffer l'anus, j'y pense, c'est automatique. Vu que je mate tout, je vois ma bite, la fille qui me branle tant bien que mal pendant qu'elle me lèche, et je me dis qu'une autre bouche ce serait tout simplement le paradis. Je peux mourir dans la seconde qui suit je m'en fous.

Nathan. Un doigt inquisiteur
Macho, moi ? Pas trop, je crois... mais il m'était inimaginable d'accepter, même en pleins ébats, que ma copine joue avec mon anus. Pas coincé, mais «on joue pas avec les affaires!»... Et puis un soir, on revenait d'une fête très arrosée, et on s'est jeté l'un sur l'autre dans l'ascenseur. On a continué de se déshabiller mutuellement en jetant les fringues partout, et on a commencé à faire l'amour sur la moquette. Le rhum avait dû m'anesthésier, quand ma copine m'a glissé un doigt (ongle court obligatoire !) qu'elle avait pris soin de mouiller abondamment, une vague de chaleur m'a serré le ventre. La première conséquence a été de me faire bander encore plus et j'ai continué à la pénétrer en un va-et-vient énergique. Je me suis même pris à m'ouvrir encore plus pour qu'elle puisse glisser son

doigt plus profondément... J'ai joui très fort et ma copine m'a suivi de peu. J'étais carrément secoué de spasmes qui ont eu l'air de décupler sa jouissance à elle... Depuis, ça n'est pas systématique, mais je n'ai plus d'appréhension du tout !

ÇA ME DÉGOÛTE, ÇA ME CHOQUE

Tristan. Dernière séance

On a fait un petit film 100 % sexe avec mon ex, tout simplement on a mis un caméscope numérique sur une table dans la piaule et on a filmé, super cadré sur les sexes. Gros plan sur l'action. Quand on l'a maté après, plusieurs fois, ça nous a vraiment fait quelque chose, c'est très intense de se voir, soi, en acteur/actrice porno, impossible à décrire mais il y a là un côté narcissique vraiment fort. Quand on s'est quittés (pour des raisons d'incompatibilité d'humeur mais pas sexuelle !), on a chacun pris sa copie en se jurant de garder ça dans notre petit jardin secret rien qu'à nous. Et j'ai appris qu'elle l'avait montré à son nouveau mec. Trahison.

Patrick. Elle m'a pressé les couilles

On était allé dîner chez des amis et un différend nous a opposés toute la soirée. C'était vraiment un truc idiot au sujet des pistes cyclables, tu vois, rien d'important. Comme je veux toujours avoir raison j'en ai un peu rajouté et nos amis ont bien rigolé, mais j'ai compris que j'étais allé trop loin. Trop tard, elle m'en voulait. De retour à la maison, pour me faire pardonner, j'ai voulu lui

faire l'amour tendrement. Qu'on retrouve notre complicité. J'étais étonné mais elle a accepté, elle était toute câline, je me suis dit « ouf ! tu t'es trompé, en fait elle a bien pris le truc ». Et pendant qu'elle me prenait dans sa bouche, elle a aussi attrapé mes couilles, ce qu'elle ne fait jamais, mais je n'ai pas eu le temps d'être ravi de la situation parce qu'en fait elle les a pressées à mort, j'ai cru crever de douleur, j'avais tellement mal que je ne pouvais plus respirer. Elle a fini par relâcher et est allée dormir sur le canapé du séjour. Depuis, c'est plus comme avant, je n'arrive pas à lui pardonner, et je crois qu'elle non plus.

Michel. Elle m'a fait lécher ses doigts sales
J'étais avec une nouvelle petite copine assez portée sur le sexe, plutôt plus dégourdie que moi. En tout cas pas farouche. Elle m'a enfoncé son index dans l'anus (ce que j'ai apprécié) et ensuite elle m'a fait lécher son doigt pour que je le « nettoie » (ce que j'ai nettement moins apprécié). J'ai pas osé refuser de peur de passer pour un « coincé », mais beurk.

William. Elle ma redonné mon sperme
Grosse, grosse surprise : ma petite copine, avec laquelle j'étais depuis déjà 4 ans, m'a fait un « coup » un jour, j'en ai encore le goût dans la bouche ! Elle me suce, j'éjacule, elle avale (que je crois !), jusque-là, royal bonheur. Mais finalement elle remonte vers mon visage et se jette sur ma bouche pour me rouler la pelle du siècle et tout reverser mon jus dans ma bouche, exactement comme une benne à ordure. J'ai craché immédiatement sur le drap,

c'était tellement dégueu, j'ai pas compris comment elle avait pu m'imposer ça. Je lui ai fait un peu la gueule, elle aussi (elle voulait juste jouer) et puis c'est passé, mais je lui ai fait promettre de ne jamais recommencer ça.

Rohan. Je déteste le manque de pudeur

La fille qui dès le premier ou le deuxième jour se balade à poil devant toi, fait pipi sans fermer la porte, prend sa douche rideau grand ouvert, je trouve ça dommage. Elle étale sa chair en permanence, évidemment je mate mais ça opère sur moi une curieuse désensibilisation. Finalement je crois que je préfère les timides (pas trop quand même !) qu'il faut mériter, dont le corps est comme une perle dans une coquille d'huître.

Roland. Celle qui fait semblant de ne pas comprendre

Tu essaies de l'embrasser, elle détourne un tout petit peu la tête. Tu essaies de la prendre : elle ne t'aide pas à « trouver le trou », tu lui mets une petite tape sur les fesses : au lieu de te dire « oui vas-y chéri » ou « bof bof », elle te gueule « aïeuuuuuuuuuuuuuu ! » qui te pousse à te demander ce que tu fous là, elle se lève pour prendre un verre d'eau : tu la regardes pour signifier que tu en veux bien un et elle boit sans t'en rapporter. Tu lui dis que son chat te gêne juste là dans le lit, elle te répond qu'il a toujours habité là et pas toi, etc. C'est pas le portrait d'une seule fille, que je vous ai donné !

Ce qu'elle n'aurait jamais dû me dire

- « Les chiens font pas des chats : ta mère est moche et débile, tu lui ressembles comme deux gouttes d'eau. »
- « J'ai eu des ex vraiment meilleurs que toi au lit. »
- Après 6 mois ensemble, de complicité, sexe et compagnie : « Le mec que j'épouserai sera celui que je respecterai. Pas quelqu'un comme toi, avec qui la vie est marrante et avec qui je m'éclate au lit. Non, quelqu'un qui soit un peu dur, qui m'engueule, me mate. »
- « Il vaut mieux qu'on reste amis. »
- « Je n'arrive pas à tomber amoureuse de toi. »
- « Je sais que tu m'aimes, ça fait 50 fois que tu me le dis. »
- « Je pensais que tu avais un sexe plus gros. »
- « Je pensais que tu faisais mieux l'amour. »
- « Ma mère m'avait dit de me méfier de toi. »
- « Ma mère m'avait dit que je valais mieux que toi. »
- « J'ai pas envie là. D'ailleurs j'ai plus envie. »
- « Toi il te faut une nana fidèle. »
- « ça fait 3 ans que je te trompe. »
- « Tu trouves pas qu'on s'ennuie un peu quand on baise ? »
- « T'es vraiment obligé de m'appeler tous les jours ? »

- « Il faut qu'on parle. »
- « J'ai plus rien à te dire. J'ai pas non plus envie de t'entendre. Ni de te voir. »
- « Dégage de chez moi, tu te crois où ? »
- « Je t'aime mais je te quitte. »
- « C'est gentil de dire que tu m'aimes. Mais tu sais moi je ne suis pas sur la même longueur d'onde. »
- « J'ai des travaux chez moi, je vais aller un petit mois habiter chez mon ex. »
- « Je m'interroge. » (ça veut dire « non ».)
- « Je préfère être seule qu'avec toi. »
- « J'ai besoin de réfléchir, de faire un petit break… jusqu'à dans 10 ans. »
- « Je sais que t'as pas pu m'appeler, je t'ai filé un mauvais numéro exprès. Les mecs sont tellement collants. »
- « Tu pourrais me lâcher un peu ? »
- « Je couche avec ton père. »
- « Je couche avec ton frère. »
- « J'aimerais bien coucher avec ton frère. »
- « Moi aussi je voulais te plaquer, mais j'avais pas le courage. »
- « J'étais mieux avant de t'avoir rencontré. »
- « Le seul truc qui t'intéresse, c'est l'argent et tes clubs de golf. »
- « Encore ta mère ? Elle suce aussi bien que moi ? »

CUNNILINGUS

Jef. Gros mot

Comment tu l'écris ce mot ? Pipe tout le monde connaît et comprend, mais cunnilinctus... Tu veux dire le cunni ? J'ai dû chercher dans le dico pour trouver que ce mot venait du latin cunnus (con) et lunctus (léché). Même cette explication je la trouve pas en rapport avec l'acte qui est doux et vraiment incontournable pour moi. Une fille qui ne se laisse pas lécher, elle ne veut pas se donner, c'est pas la peine. Elle ne m'intéresse plus. Et je trouve qu'un sexe féminin c'est tout sauf con.

Fabrice. Je prends mon temps

Pour moi, le sexe oral est une preuve de complicité dans le couple, ça fait partie intégrante de l'acte. Je suis d'accord pour appeler ça un préliminaire, mais pas seulement. Pour qu'un cunni soit réussi, il faut qu'il soit fait avec application, désir, et je dirais presque amour. D'abord, je caresse son corps avec mes mains, je la léchouille sur son ventre, sur ses seins, derrière ses bras, je lui donne des frissons. Je ne crois pas qu'on puisse arriver direct et hop : « Ouvre les cuisses, je te lèche. » Quand je suis entre ses jambes, je prends mon temps. Comme je sais qu'elle est très sensible du clito, j'évite le contact direct avec ma langue. Je tourne autour, je descends, je la lèche de bas en haut. J'adore son goût, la façon dont elle prend du plaisir là. Je sais qu'elle aime que je lui mette un doigt ou deux, que ça lui rappelle que je suis en elle, ça nous excite terriblement.

Mathieu. Langue de velours

Je fais volontiers des cunnis à ma copine. D'abord parce que j'adore lui donner du plaisir et que je le sens particulièrement monter en elle de cette façon, mais aussi parce que j'aime son minou, franchement. J'aime tout, ses formes, son petit clito tout rond, ses poils, ses jambes. J'aime son goût, son odeur ! Bref, le bonheur. Je sais qu'elle trouve que ma langue est douce, certainement plus que mes doigts et ça tombe bien parce que moi aussi, je ressens plus de choses avec ma bouche. J'adore la faire jouir comme ça, c'est le comble de l'abandon pour moi. Elle jouit sans ma bite et j'aime cette idée par les temps qui courent où les hommes doivent toujours être performants. Elle jouit de désir pour moi, dans ma bouche, et ça me bouleverse d'émotion et de plaisir.

Olivier. Une crampe à la langue

Je peux faire un cunni si la fille me le demande, mais bon, ce n'est pas ce que je trouve le plus excitant. Les premières secondes sont toujours un peu bizarres à cause du goût. On ne sait jamais à quoi s'attendre, mais en général, ça passe en quelques coups de langue. En fait, je ne sais pas trop m'y prendre : ce n'est pas facile de savoir ce que la fille aime ou pas, à quel point elle est sensible, si elle veut que ça aille vite ou plus doucement, si elle aimerait un doigt ou pas… Alors je suis un peu paumé dans tout ça. Si je sens que la fille a du plaisir, bien sûr, ça m'excite un peu, alors je m'arrête et on fait l'amour. Une fois, il y avait une fille qui me demandait « encore et encore », je n'en pouvais plus, j'avais trop mal à la nuque et limite

une crampe à la langue. À un moment, j'ai dit : « Stop, je n'en peux plus », la honte quand même ! J'ai toujours l'impression qu'il faut lécher les nanas 10 plombes pour qu'elles aient du plaisir.

Vincent. Peur d'étouffer

Je n'aime pas lécher ma copine ; ça me stresse parce qu'elle me demande souvent de lui faire. En fait, ce sont tous ces plis de peau qui me dégoûtent un peu, ça me donne la sensation d'étouffer au milieu de tout ça. Et puis, il faut toujours faire attention, avec son clito « pas comme ci, plutôt comme ça… », c'est loin d'être simple. En plus, elle voudrait que ça dure encore et encore, mais bon, au bout de quelques minutes j'en ai marre moi ! J'essaye de la mettre en 69 car le fait qu'elle me suce me fait du bien, et j'arrive mieux à surmonter la situation. Je me ménage des petites pauses où j'imite avec mes doigts mouillés le parcours de ma langue. Je pense qu'elle ne s'en rend pas compte, sinon elle me l'aurait dit. Mais quand je regarde son sexe… oups ! ce n'est quand même pas un chef-d'œuvre ! Si je trouve que son sexe n'est pas très beau, c'est logique que je n'aie pas envie de l'embrasser. En tout cas, pour faire l'amour ça ne me dérange pas puisque je ne le vois pas.

Yves. Goût des femmes selon le cycle

Le goût des femmes change en fonction de leur cycle. Quand je les lèche, c'est un vrai moment de plaisir, comment expliquer… tu vis au gré des cycles, de la physiologie, du corps… tu sens que tu es là face à quelque chose de plus fort que tout, d'immuable. D'abord un peu piquant, puis crémeux, puis

filandreux, puis pas grand-chose mais salé, puis les règles (le goût du sang des règles est particulier, pas désagréable quand on arrive à ne pas focaliser sur le fait que c'est du sang, donc qu'inconsciemment tu as l'impression que c'est malade ou mort), et hop ça recommence. Quoi qu'il arrive, ses sécrétions évoluent toujours comme ça. C'est impressionnant, cette précision de métronome. Là tu touches à un truc qui t'échappe.

James. Pas le même goût avec la pilule

Je suis 100 % d'accord avec Yves pour cette évolution du goût au fil des jours, et qui recommence sans cesse, exactement comme une très grande marée. C'est fascinant. Mais c'est moins flagrant si la femme prend la pilule. La mienne était sous pilule quand on s'est rencontrés, je suis sûr que c'était différent. Plus monotone. Maintenant que nous avons eu deux enfants, elle a un stérilet et je peux suivre l'évolution de son cycle rien qu'aux différences subtiles de ses odeurs sexuelles. Je sais que quand ça sent « le chaud », elle est dans sa période « crémeuse ». Quand ça sent plus le salé, c'est comme si j'avais sur la langue son jus plus visqueux, si on met le doigt dessus et qu'on étire, ça suit comme un « fil ». Elle a aussi quelques jours très discrets, ou elle coule plutôt comme de l'eau ou presque, sans même qu'elle soit excitée. Et enfin, ceux que j'aime le moins, pendant lesquels elle reste un peu sèche, quoi que je fasse, on sent qu'elle « produit » moins. J'ai eu toutes ces phases dans la bouche, le nez, je m'en suis rempli la tête, maintenant j'y fais moins attention. Mais quand on y pense, c'est assez poétique.

♥ **Oliver. Cunni mode d'emploi pour les super nuls**
Je suis un fou de cunni, à chaque fois je demande aux filles ce qu'elles préfèrent, comment, etc. J'ai fini par établir un mode d'emploi vraiment précis, simple et inratable, que je repasse à tous mes potes. Je peux te dire qu'ils m'ont béni parce que même s'ils ne sont pas forcément devenus des superexperts du jour au lendemain, ils évitent maintenant les grossières erreurs que font 90 % des mecs, à savoir lécher comme ils aimeraient qu'on les suce.

Le piège n° 1, c'est la pression : TOUS les mecs lèchent trop fort. Il faut bien piger que même si une nana attire ta tête en la pressant fortement vers son sexe, elle n'a pas forcément envie que tu appuies fort. C'est toute la subtilité. En fait elle a un intense besoin, un désir qu'elle essaie « d'écraser » avec une langue « oppressante », mais en réalité, plus le contact langue/muqueuse est fin, ténu, plus ça la fait grimper.

Le piège n° 2, c'est d'augmenter la pression pendant que la fille grimpe. C'est exactement ce qu'il faut faire pendant la fellation (plus le mec approche de l'orgasme, plus il faut accentuer la charge), mais pour les nanas, non. On « peut » le faire et parfois, la fille arrive à jouir **alors qu'elle subit une langue de 15 tonnes entre les jambes. Mais l'orgasme est trop rude pour durer et il est même frustrant, comme quand elles se masturbent avec le pommeau de douche directement sur le clito sorti. Alors que si tu continues à lécher lentement, en appuyant peut-être**

un tout petit peu plus mais à peine, l'orgasme de la dame dure très, très longtemps et sera super intense. Et là, crois moi, la fille tombe raide folle de toi direct, elle te classe sur-le-champ premier de tous les meilleurs coups qu'elle a eus. En plus, double effet kiss cool, un orgasme long comme celui-là, c'est l'assurance que :

1) la fille va mouiller à fond donc la suite va être top pour toi (et aussi pour elle : c'est le meilleur moyen pour l'embarquer dans des orgasmes multiples. Tu la pénètres, tu pistonnes, elle jouit une, deux, trois fois, c'est incroyable mais ça marche à tous les coups !) ;

2) le clito termine son marathon carrément moins sensible que lorsqu'il a été labouré, et du coup tu peux baiser tout de suite, tu attends à peine 1 minute entre l'orgasme clitoridien et la pénétration. Et là, mon pote, c'est la caverne des délices : le vagin est gonflé à mort, brûlant, dégoulinant, à peine rentrée ta bite n'en peut plus de plaisir. Un vrai paradis pour pénis !

Donc, on y va pour un petit mode d'emploi ?

D'abord sachez que plus vous allez lécher, plus le sexe va être sensible, aux caresses mais aussi aux irritations. Je pense aux mecs qui ne se sont pas rasés depuis le matin (ou pire depuis la veille), sachez que **les petits poils de votre menton sont autant de piqûres très désagréables**, exactement comme de passer le côté vert d'une éponge sur la peau à vif. Donc faites gaffe à ça. C'est parti.

Surtout ne vous précipitez pas sur le clitoris comme un sauvage. Commencez par un rapprochement

normal, civilisé (d'ailleurs il va falloir rester civilisé et hyper maître de vous jusqu'au bout, donc préparez-vous à contenir la bête qui sommeille en vous et qui ne va pas manquer de se réveiller très très vite). Baisers, caresses des épaules, du dos, du ventre, etc. Quand la belle semble « open », commencez à descendre doucement vers son sexe en la prévenant « j'ai envie de te goûter ». Elle doit impérativement être bien installée, il doit faire chaud dans la pièce, sinon c'est foutu. **Tout doit être parfait**. Pensez que pour un cunni inoubliable, vous aurez besoin de 20 minutes de « travail » au moins, tout en progression. Si vous êtes pressé, ne vous lancez surtout pas dans cette opération !

Ça y est, vous êtes sur la place. Ne paniquez pas. Suivez à la lettre le timing suivant.
1) Pendant 5 ou 6 minutes, caressez très légèrement l'intérieur des cuisses et des genoux sans trop vous approcher de la zone ultra-sensible. Peu à peu, vous y arrivez, mais ne touchez pas aux muqueuses. Prenez votre temps, y a pas le feu au lac. Attendez justement le feu vert de la dame : elle va écarter automatiquement les cuisses au maximum et tendre son sexe vers votre bouche. Ne cédez pas, continuez à contourner la bête, en faisant des cercles de plus en plus petits – au début ils tournent loin du sexe, peu à peu ils s'en rapprochent. Cette étape est hyperimportante surtout pour les débutants et les maladroits, parce qu'elle fait monter le désir au maximum et qu'elle facilite le boulot pour après. C'est-à-dire que si vous réussissez ce point, qui est

franchement hypersimple, à la portée de n'importe quel amant même le plus inexpérimenté, après il suffira de quelques coups de langue pour la faire jouir. Sauf que vous allez faire beaucoup mieux que ça, croyez-moi.

2) Donc, vous voici au moment des cercles les plus rapprochés du sexe. **Par « mégarde », effleurez les grandes lèvres, puis les petites** (si vous ne vous y retrouvez pas trop là dedans, pensez toujours à aller de l'extérieur vers l'intérieur, plus vous vous rapprochez du cœur de cible, plus c'est atomique pour elle), puis repartez vers la peau des cuisses, toujours en dessinant des cercles. Pendant 1 ou 2 minutes, ajoutez à vos doigts votre bouche, embrassez, soufflez, en vous rapprochant toujours du point « chaud » mais sans vous y aventurer. Repartez, revenez, comme si vous hésitiez.

3) Et sans prévenir, attaquez. Quand je dis « attaquez », c'est une image, ne la jouez pas à la hussarde, en fait il faut à peine effleurer. Du bout de la langue, frôlez un peu ce qui vous tombe juste là, grandes lèvres, petites lèvres… peu importe **du moment que c'est rouge et humide : c'est la muqueuse, vous êtes bon**. Et repartez à nouveau. Ça la rend peu à peu hystérique, elle commence à vous supplier d'y aller « enfin ». Non, non et non. Poursuivez le supplice. Comme des petits poinçons hyperlégers. Puis avec l'index et le pouce de la main droite (si vous êtes droitier ; l'inverse pour les gauchers, il faut maîtriser à fond), écartez TRÈS doucement les premières lèvres, qui ne demandent que ça. **Vos doigts doivent**

impérativement être chauds et humides : moi je les barbouille avec ma salive, mais vraiment une belle quantité, il faut que la fille ne sente aucun à-coup, aucune « râpe », aucune différence de température. Faut que « ça glisse ».

4) Écartez encore plus ultra doucement les petites lèvres pour arriver « au milieu » et commencez à enrouler votre langue autour de la zone du clitoris. **Surtout pas directement sur celui-ci (ne le faites pas sortir de son capuchon) mais sur les côtés.** À partir de là, passez votre langue TOUJOURS **de la même façon,** TOUJOURS **dans le même sens,** TOUJOURS **en appliquant avec la même force**. Observez les réactions : si madame ne bouge pas ou qu'elle se tend un peu plus vers votre bouche, c'est parfait ; si elle se tortille, c'est qu'elle cherche à mieux se caler ou essaie de déplacer la zone de contact : laissez vous guider comme ça et une fois le ruban réactif trouvé (je dis ruban parce que souvent c'est comme une zone rectangulaire, un peu de la taille d'un petit morceau de scotch), r**estez-y, c'est une question de vie ou de mort**. Ne changez rien, même si les murs de la maison s'écroulent, continuez absolument dans la même lignée. Un peu comme si vous léchiez un petit esquimau (qui ne fond pas mais au contraire grossit au fur et à mesure) tout le temps sur le même côté, avec le même rythme, etc. Oubliez l'autre côté, même s'il y a du chocolat, des pépites, etc. **Restez là**. N'imaginez pas que toute la zone est hypersensible et que ça « marche » partout, où que vous touchiez ou léchiez ! Une fois qu'on a trouvé son petit chemin, c'est le seul qui doit être

parcouru. Vous en changerez la prochaine fois si vous voulez, mais pas là.
5) Pensez à bien poser la langue à plat (pas en pointe, sauf exception), **quelle soit bien ensalivée,** jamais sèche, et que les mouvements soient ultra lents et lascifs. Exactement comme si vous regardiez un film au ralenti, quand le gars lèche le chocolat qui coule sur la poire, mais en méga ralenti.
6) Quand la fille est bien « en haut », qu'elle respire vite, qu'elle prévient qu'elle est « au bord », **continuez toujours et encore sans rien changer, n'augmentez surtout pas le rythme ni la pression comme pour une pipe.** Elle va jouir, c'est obligé, c'est une question de poignée de secondes. Ne cédez pas si elle semble vouloir accélérer le mouvement ou chercher votre bouche plus « fort » (sauf si c'est pour changer d'endroit, parce que vous avez dévié de quelques micro-millimètres par rapport à la zone géniale). Donc acceptez ces désirs de changement géographique, mais pas les autres. Imposez votre rythme, votre langue, votre technique.
7) Les plus habiles, ou les aventureux, peuvent lécher et toucher en même temps : si on effleure (de la langue et des doigts), la fille ne sentira pas de différence entre main et bouche, à condition d'effectuer la même pression, c'est-à-dire quasiment aucune. Elle ressent alors comme si plusieurs langues la léchaient. On peut aussi lécher la fente à grands coups de lape, aller agacer frontalement le clitoris (mais méfiance ! terrain miné !), se balader jusqu'à l'anus, pénétrer le sexe pour le boire (enivrement absolu), rentrer

un petit bout de doigt dans le vagin, etc. La marge de manœuvre est aussi plus grande, parce qu'on peut alterner les mouvements rotatifs avec ceux verticaux et horizontaux, à condition de toujours repasser sur LA zone qui tue, en général microscopique et en s'efforçant d'éviter de casser le contact : comme pour un massage, le mieux est que la main reste toujours sur la peau, même pendant les moments de repos. Là, c'est pareil. Mais toutes ces variantes du point 7 sont réservées aux « bons », parce que tout mouvement autre que celui de la langue sur le clito est susceptible de perturber la montée du plaisir. Donc pour débuter, mieux vaut vraiment se concentrer sur la chose et s'en tenir aux 6 premiers points.
Les mecs rappelez-vous : les maîtres mots sont « prendre son temps », « douceur », « être à l'écoute du corps de l'autre », « avoir envie ». Si les 4 notions ne sont pas réunies, ce sera un mauvais cunni. Si tu fais un cunni en pensant à la suite (je la lèche comme ça après elle me sucera), ce sera un mauvais cunni. Si tu dérapes, que tu reportes ton excitation en avalant à moitié le sexe, en gobant et en aspirant comme un malade, ce sera un mauvais cunni – d'ailleurs mieux vaut éviter ces 3 plans trop violents sauf si tu les maîtrises à fond, ce qui doit être le cas chez 1 homme sur 5 000 à la louche. À vous de jouer !

Benjamin. Goût du sang des règles

Un copain israélien m'a expliqué un jour que pour les Juifs, le sang c'est la vie. C'est pour ça qu'ils ne mangent jamais d'animaux avec du sang, ou

seulement avec des rituels particuliers (sinon ils ont l'impression de leur retirer la vie, alors que le principe de cette religion est de ne pas attenter à la vie d'autrui, humain ou animal). Bon, ce petit cours de religion juste pour expliquer que pour le rapport au corps, tout dépend dans quelle culture tu a été élevé. Avant, je considérais que le sang, c'était comme être malade, donc j'assimilais ça à quelque chose de pas très bien, de contaminant. Mais depuis ma discussion avec ce pote, je vois les choses exactement à l'inverse : le sang est au contraire le symbole même de la vie, de la force, de l'énergie. Je ne rate pas un mois pour lécher ma copine, j'en redemande, au point que ma perception de son goût a complètement changé. Avant je préférais éviter tout rapport sexuel pendant ses règles, avec la chaleur qu'on dégageait en baisant, l'odeur me faisait penser à une boucherie… rigole pas, c'est vrai ! Maintenant c'est autre chose, je la lèche longuement je me remplis de son goût métallique, je ferme les yeux parce que la vue du sang continue de me stresser mais je me barbouille le visage, le nez, les lèvres de son sang, surtout le deuxième jour, quand ça coule à fond. J'ai l'impression d'être beaucoup plus proche d'elle, de tout prendre d'elle, d'avaler son ADN, son identité profonde, sa vie. Comme un vampire un peu, sauf que ça ne la tue pas et que je ne la lèche pas seulement la nuit !

♥ Serge. Plaisir féminin et 69

Soyons observateurs et galants, messieurs. N'avez-vous pas remarqué que les dames ferment les yeux et jettent toujours la tête en arrière pendant un cunni, découvrant leur belle

gorge et livrant ainsi leur poitrine à nos bouches affamées ? Pendant un 69, elles ne peuvent pas le faire, et je suis certain que c'est un frein majeur à la montée de leur plaisir. La position les empêche de se mettre naturellement dans la position qui leur est habituelle (obligatoire ?) pour jouir, donc forcément, ça ne peut pas venir. Je ne dis pas que ça n'arrive jamais mais si on veut vraiment les faire décoller, il faut s'occuper d'elles et exclusivement d'elles.

Sylvain. Je connais ses réactions sur le bout de la langue

Ma femme, c'est un vrai bonheur à lécher parce que je connais ses réactions… sur le bout de la langue. Mais des fois, j'aimerais bien me tromper, tâtonner, et il n'y a rien à faire : quand tu sais ce qui est bon pour elle, tu le fais (forcément). Du coup tu ne t'aventures pas tellement, et quand tu essaies d'autres voies quand même, l'autre est déçue. Alors ça me fait rire les bouquins qui disent qu'il faut se renouveler. C'est un peu comme le partage des richesses, une bonne idée mais en vrai…

ÉCHANGISME

Guillaume. En toute amitié

C'était avec deux filles en hiver. Ça s'est passé il y a cinq ans, bien avant que je rencontre ma petite amie. C'était en fin de soirée, on était chez l'une d'elles et elles m'ont simplement proposé. J'ai accepté, non sans une certaine angoisse (sur le coup, j'ai eu la

trouille de ne pas avoir d'érection), et tout s'est bien passé finalement. J'étais terriblement excité de voir les filles se caresser, s'embrasser, se lécher. Enfin, je me serais presque senti un peu « à part », finalement pas « nécessaire » à leur petit jeu. Mais ça n'a pas duré longtemps, et quand elles ont commencé à s'occuper de mon cas, je n'en menais pas large. Une me suçait, l'autre m'embrassait, et ça s'est enchaîné de plus belle. Je me sentais hyperbien, super à l'aise. On a fait l'amour avec beaucoup de respect, de complicité, on a même ri. C'était très « amical ».

♥ David. Après vous, je vous en prie…

J'ai déjà pratiqué l'amour à plusieurs. C'est arrivé plusieurs fois, mais jamais par l'intermédiaire de boîte échangiste ou d'internet. Plutôt les concours de circonstances en fin de soirée… Soit j'étais en couple, ou sinon, j'étais la « pièce rapportée » pour passer un agréable moment avec un autre couple. Sur le plan sexuel, je n'en garde pas un souvenir mémorable. Je trouve que sur le moment, ce n'est pas terrible, ça demande de « l'organisation » pour savoir qui passe en premier, etc, et ça casse un peu le rythme. Mais ensuite, une fois de retour chez moi, j'en ai fait quelque chose d'excitant dans ma tête. Je me souviens de ce que j'ai vu, entendu. Et ça me fait bander comme un fou.

Yann. Secret d'alcôve

Je suis allé une fois dans une boîte échangiste avec ma copine. Ça faisait un moment qu'on en parlait tous les deux, mais on n'avait pas fixé d'obligation :

on voulait déjà aller voir et en reparler ensuite. Au début, j'ai trouvé l'ambiance assez « bizarre », mais je pense que c'est moi qui me sentais un peu mal à l'aise de savoir qu'à l'étage en-dessous, il se passait une « grande partouze ». Après quelques verres, nous sommes descendus, et en fait, ça n'avait rien à voir avec une partouze telle qu'on se l'imagine. Il y avait plein de petits coins discrets, de renfoncements, avec aussi de plus grands espaces pour ceux qui voulaient « partager ». Ça n'a pas été notre choix, mais nous avons fait l'amour tous les deux, en imaginant bien qu'on pouvait nous mater. C'était sympa, mais rien à voir avec mes fantasmes !

> ♥ **Benoît. 2 + 1 = 2**
> Avec ma copine, on a eu l'occasion de faire l'amour à trois, avec une fille qu'on avait rencontrée un été au camping. On en avait parlé avant, genre « si un jour, on avait la possibilité de… Que ferait-on ? » et nous étions du même avis quant à tenter l'expérience. Finalement, ce soir-là, c'était sympa, mais pas l'orgasme du siècle. La fille, on ne l'a jamais revue. Par contre, et on ne s'y attendait pas, nous deux, ça nous a rapprochés. On a eu la chance d'essayer, mais on n'a pas plus envie que ça de recommencer. On s'éclate plus quand on est juste tous les deux.

Baptiste. Combat de coqs
J'ai fait l'amour à plusieurs une fois, on était deux mecs avec une nana. Sexuellement, ce n'était pas terrible. En fait, j'étais un peu gêné par la présence de ce mec, par le fait de devoir « partager la fille »,

je me suis senti mis en compétition, j'ai eu du mal à me focaliser sur mon plaisir : j'en avais un peu, et il partait aussitôt. En fait, avec le recul, je pense que c'était vraiment pour son plaisir à elle, et beaucoup moins pour le nôtre. La fille était une copine, pas ma petite amie. Et heureusement ! Je n'aurais jamais supporté de la voir se faire toucher et prendre par ce type. Je suis bien trop jaloux et possessif pour, un jour, essayer de retenter ce genre de trio avec ma copine. En tout cas, le mec, je ne l'ai jamais revu, et la copine en question, je l'ai perdue de vue un an plus tard. C'était une fois, histoire de ne pas « mourir idiot », et point-barre.

Faire l'amour

Arnaud. Histoire d'eau

Ce que j'affectionne particulièrement, même si je ne peux pas pratiquer tous les jours, c'est faire l'amour dans l'eau, que ce soit sous la douche, dans un bain de mousse ou dans une piscine. Je trouve le rapport hypersensuel, le contact entre les peaux n'est pas le même dans l'eau. Sous la douche, on sent l'eau couler sur la peau, les gouttelettes donnent à l'acte un côté sauvage qui n'est pas sans me déplaire. Le bain, c'est parce que ça sent bon et que la mousse apporte encore de nouvelles sensations. Quant à la piscine, on est débarrassé de son poids, ce qui ouvre de nouveaux horizons…

Pascal. La grande bleue

On a une fois fait l'amour en Méditerranée,

nous avions été séparés pendant une semaine, elle nageait la tête dans l'eau vers moi, j'ai baissé mon slip et elle s'est accrochée à moi comme si l'on jouait... C'était trop bon, mais même si elle mouillait normalement, je trouve que ça avait tendance à accrocher un peu à l'entrée du vagin

Tristan. La dame du lac

L'eau était bonne, elle était à cheval sur moi. Je l'ai pénétrée quelques instants... mais pas plus, car il y avait du monde sur la plage ! Mais je trouve que l'eau a tendance à enlever la mouille, et ça ne facilite pas les glissements...

Olivier. Bilan négatif

Moi, le cul, franchement, je lâche peu à peu. C'est simple, c'est jamais bien. Si je fais le maigre bilan de mes conquêtes, qu'avons-nous ? Ma première, bon, c'était raté mais c'était peut-être de ma faute. La deuxième restait allongée comme une brique, sans rien faire ni rien dire, froide comme la mort, forcément, j'ai débandé. La troisième m'a prévenu tout de suite : « Je suce pas j'ai horreur de ça, et je ne me laisse pas lécher. » La quatrième : « La dernière fois que j'ai fait l'amour, c'était il y a deux ans, alors ne me brusque pas. » Super. La cinquième, c'était une fois toutes les 2 semaines (en gros quand elle n'avait pas ses règles, qu'elle n'allait pas les avoir ou qu'elle ne venait pas de les avoir), et elle avait souvent des petits frissons de peur ou de douleur, je ne sais pas, mais rien de bon. La sixième a tenté quelque chose, je reconnais sa bonne volonté, mais je ne sais pas quoi : jamais

réussi à me procurer ne serait-ce qu'un petit peu de plaisir en me suçant (je ne parle même pas de jouir), c'était trop bizarre, même en la baisant, je ne ressentais trop rien. Et les potes qui l'ont eue dans leur lit, pareil. Reste l'apothéose, la fameuse que tu espères ne jamais croiser, que tu imagines qui n'existe que dans les vieux grimoires, celle qui n'accepte d'aller au lit qu'une fois bien nourrie au restaurant, dans le noir absolu, sous la couette et sans parler. Eh ben elle, c'était ma dernière conquête. Ça me déprime plus qu'autre chose finalement.

FANTASMES

Jérôme. On joue au docteur

Dans mes fantasmes, je suis un peu dominateur et j'aime « taquiner » ma copine. Je lui en ai parlé et elle a accepté que nous essayions un petit scénario. C'est un jeu entre nous, et elle le sait, elle aime ça aussi et il n'y a aucun souci, tout est clair. J'aime bien jouer au docteur, l'examiner et elle n'a qu'à être obéissante. Je lui glisse un doigt dans les fesses pour prendre sa température. Si elle n'est pas « sage », je lui mets une gentille petite fessée. Au fil des minutes, l'excitation grandit, mais j'aime bien la faire attendre, enfin, nous faire attendre, et je finis par la prendre quand vraiment on n'en peut plus… C'est très puissant. Je pense qu'on peut franchir bien des barrières et des tabous au niveau sexuel, pour peu qu'il y ait une grande complicité et du respect entre les deux partenaires.

♥ Yannick. À deux c'est mieux

Comme beaucoup de mecs, j'aimerais faire l'amour avec deux femmes, en l'occurrence la mienne, et une « en plus ». Je voudrais voir ma femme se faire lécher par une autre, la voir prendre du plaisir. Je baiserais l'autre fille pendant ce temps-là, ou je la sodomiserais car ma femme n'aime pas ça. Je pense que je n'aurai jamais l'occasion de réaliser ce fantasme, mais on en a discuté avec ma chérie qui n'est pas totalement réfractaire, et même si on ne passe pas à l'acte, le fait d'en parler entre nous stimule notre libido.

Thierry. Mater ma femme

Ce que j'aimerais par-dessus tout, c'est voir ma femme se masturber devant moi, mais elle refuse (alors qu'elle se masturbe parfois quand elle est seule, je précise). Ce n'est pas qu'elle est fondamentalement contre, mais elle n'ose pas, et même si elle tente de légères caresses pour me faire plaisir, elle n'est pas à l'aise sous mon regard. Je m'en rends bien compte. Je me branle devant elle parce que ça lui plaît, mais elle n'arrive pas à me rendre la pareille. Voilà, c'est ça mon fantasme.

♥ Alexandre. Partouzer gentiment

Une soirée à plusieurs me tente carrément. Je pense que ma copine ne serait pas d'accord, mais en fait, je n'ai jamais osé lui en parler. J'imagine une soirée où on connaîtrait quelques personnes mais pas trop et qui « dégénérerait » gentiment dans les chambres. On pourrait regarder, s'exciter, choisir… En même temps, dans la réalité, tout ça

me fait peur, peur que ma copine ait du plaisir avec un autre (même si c'est excitant), peur de la comparaison, ou qu'elle tombe amoureuse d'un autre. On a tous nos limites et il ne faut pas faire quelque chose « juste pour le trip », qu'on pourrait regretter après. C'est ça qui nous retient dans nos fantasmes.

Jean-François. J'ai déjà donné

Je n'ai pas de fantasme en soi. Quand je m'imagine quelque chose, c'est à partir d'une situation que j'ai trouvée ambiguë pendant la journée, ou une fille croisée par hasard avec qui j'ai échangé un regard. Mais je n'ai pas vraiment de « défis » à relever : baiser dans les endroits publics, j'ai donné, maintenant je suis revenu à des pratiques plus soft, plus confortables. Pendant que je fais l'amour, ça peut sembler bien conventionnel, mais c'est ma copine qui me fait fantasmer, son corps, sa bouche quand elle a du plaisir, ou encore mieux, son visage quand elle jouit : ça, ça me fait jouir aussi. Je la regarde beaucoup. Partout.

Cyril. Ligotés

J'aimerais attacher ma copine, mais quand je lui en ai parlé, elle n'a pas eu l'air très réceptive. C'est un de mes fantasmes les plus récurrents, de la sentir un peu soumise devant moi, de pouvoir la faire jouir sans qu'elle puisse se rebeller (il faut dire que c'est sa spécialité), la retourner et encore prendre les choses en main. D'habitude, c'est plutôt elle qui a le dessus, et je serais curieux de voir comment ça se passe à l'inverse.

Gérard. Zorro

Je rêve de regarder ma copine faire l'amour avec un autre homme. C'est vraiment pour la voir prendre du plaisir, parce que paradoxalement, je n'ai aucune envie de la prêter à un autre, mais juste la regarder pendant la pénétration. J'imagine que je la lèche pendant que l'autre la baise, bref je me monte des scénarios où je suis toujours le héros !

Paul-Henri. Harem

Mon plus grand fantasme serait de réunir le temps d'une soirée toutes les femmes auxquelles j'ai fait l'amour, mais aussi celles que j'ai désirées (et pas eues), bref : toutes « mes » femmes, quoi. Oh il n'y en a pas tant que ça qui ont vraiment compté, je veux dire qui se sont installées dans mon imaginaire. Celles dont on peut dire «après elle, je n'étais plus comme avant». Peut-être une vingtaine, dont 8 avec lesquelles il s'est passé quelque chose de charnel. Je me demande si j'aurais envie de chacune d'entre elle. Je crois bien que oui, puisqu'à chaque fois que j'en ai rencontré une par hasard, j'ai retrouvé tout de suite « le petit truc » qui m'avait fait craquer, et qui était toujours là, malgré les années passées. Évidemment, dans mon fantasme, la fièvre monte, le champagne coule à flots, les belles se déshabillent un peu, de plus en plus, et un vent de folie finit par les jeter les unes contre les autres, bouche contre bouche, se caressant les seins devant moi, nu, prêt à honorer toutes mes invitées comme il se doit. J'imagine que le fantasme du harem est assez fréquent et plutôt masculin, mais à la différence des potes auxquels

j'en ai parlé, moi je ne voudrais que des femmes « à moi », pas une horde d'hôtesses en chaleur. Ce qui me motive, c'est de voir les jambes de Marianne contre celles d'Olga, les mains blanches et fines d'Anne-Laure sur les grosses aréoles brunes de Kadija.

Bertrand. Un rêve de fondu

Pas de quoi faire retourner Freud dans sa tombe, mon rêve, mais quand même un peu strange... Quand Marine est arrivée dans notre service, j'ai tout de suite fait une « fixette », il ne se passait pas une demi-heure sans que je pense à elle, sans que je voie son corps bouger, bref, l'obsession. Au point qu'une nuit j'ai rêvé d'elle... J'étais assis à mon bureau, elle est entrée, s'est dirigée direct vers moi, s'est assise à califourchon sur moi, a soulevé son pull pour me montrer ses seins nus tout en appuyant sur mes épaules : mon fauteuil est un modèle articulé qui peut « basculer ». Du coup, je me trouvais presque allongé, tandis qu'elle me toisait, bien droite... elle a approché son visage au-dessus du mien, j'entrouvrais ma bouche pour recevoir son baiser, elle a ouvert la sienne... pour laisser couler un ruban de chocolat noir et chaud, qui a rempli ma gorge, a coulé dans mon cou... c'était à la fois intrusif et doux, indiscret et jouissif...

Fellation

Mathieu. Une pipe, si je veux !

Pour moi la pipe, c'est peut-être quelque chose de naturel, comme le cunnilingus... mais je ne peux

pas considérer que ça fait partie des préliminaires, sinon, ça donne un caractère systématique qui me dérange. J'aime que ma copine aime me sucer, je ne veux pas que ce soit un passage obligé… Ça tombe bien parce que je suis surtout sorti avec des filles qui n'aimaient pas sucer, alors autant en prendre son parti. Ceci dit, une bonne pipe, quel abandon, quel régal. Mais je déteste que la fille me « saute » dessus pour s'attaquer directement à ça. Je préfère qu'elle prenne son temps, sentir qu'elle va peut-être y venir, bref, laisser le désir monter.

♥ Emmanuel. Pas à contrecœur

La pipe, je ne m'en lasse pas, même au bout de longues années ! C'est un grand classique, mais c'est toujours aussi bon. C'est comme un rapport sexuel, ça évolue à chaque fois : aucune pipe ne ressemble à aucune autre. Tout dépend de la relation, de l'inspiration et de l'état d'esprit de chacun. Par contre, une fille qui suce « contre son gré », juste pour me faire plaisir mais qui n'aime pas ça, je l'arrête parce que je le sens trop, et ça me gêne. Je préfère passer à autre chose. Ma copine aime que je jouisse dans sa bouche donc je n'ai pas à me « retirer » au dernier moment. C'est chaud, c'est doux. J'essaye de ne pas trop m'enfoncer en elle au moment de l'orgasme (parce que je trouve que ce n'est pas sympa). Je préfère m'appuyer assez fort contre son palais.

Philippe. Le plaisir en sus

J'adore qu'on me suce, mais pas nécessairement au début de tous les rapports, ni même au cours de chaque

rapport. Ça dépend, j'aime en fait qu'on se « lâche », qu'on fasse comme on le sent, qu'il n'y ait pas un parcours « pré-établi ». On peut aussi faire l'amour un peu et que la fille me suce après. Ça m'excite de savoir qu'elle retrouve son goût sur mon sexe. Mais j'ai rencontré peu de filles qui aimaient ça aussi. Sinon, j'aime qu'elle prenne son temps, pas qu'elle me suce comme un robot de bas en haut non-stop, ça me coupe le plaisir. J'ai rarement joui « en bouche » parce que les filles avec qui j'étais étaient un peu dégoûtées par le sperme, mais quand je l'ai fait, j'ai adoré cette sensation de « jouir au chaud », de sentir que c'est en elle que je donne tout. Je me sens moins seul que quand elle me branle et que je jouis sur elle…

> ♥ **Olivier. Trop compliqué**
> Je pense que les copines que j'ai eues y sont pour beaucoup. Elles n'aimaient pas particulièrement ça, et du coup, ça ne m'a pas donné tant de plaisir que ça. Bien sûr, le contact avec la bouche est excitant, mais dès qu'on est dedans, confronté aux dents, à une fille qui te serre trop dans sa main pendant qu'elle te branle, c'est déjà moins la joie. En plus, elles n'aimaient pas trop regarder mon sexe, c'est bête, mais ça m'a un peu bloqué. Comme si je ne savais plus trop quoi faire de ce truc entre mes jambes. J'imagine que je peux rencontrer une fille qui me fasse changer d'avis, mais en même temps, ça ne me manque pas. Je préfère faire l'amour, c'est plus simple.

Damien. Dégoût et des couleuvres

J'aime quand ma copine me suce. Je vois qu'elle aime

me le faire, qu'elle aime me caresser… C'est comme si c'était quelque chose de gratifiant. Elle prend son temps, c'est mon truc ça, je n'aime pas quand ça va trop vite… Par contre, je ne peux pas jouir dans sa bouche parce qu'elle ne veut pas avoir mon sperme dans sa bouche. Elle a peur de vomir à cause de la « substance ». Je ne comprends pas trop sa réaction, même si je la respecte. Moi quand je la lèche, je sens son goût, ça ne me gêne pas, je dirais même que ça m'excite de voir que je l'excite.

♥ **Fabrice. Le goût des autres**

Incapable de bouger, ne serait-ce qu'une paupière. Je me sens entièrement en elle, à sa merci, totalement abandonné, je me donne. La façon dont elle me suce dépend totalement du type de rapport dans lequel on s'inscrit. Si on est dans un endroit tranquille, comme notre lit, elle prend son temps, elle me fait monter et redescendre, joue un peu avec mon plaisir… Si on est dans un délire plus « sauvage », elle va me sucer plus fort, plus profondément (surtout dans ma tête !), et sans doute moins longtemps. Ça dépend en fait. Elle avale mon sperme, même si ce n'était pas gagné au départ. Elle avait goûté celui de son ex qui lui paraissait très acide et ne voulait plus y regoûter. Avec beaucoup d'amour, de temps, de complicité, on a repris le bon chemin ! Et elle a admis que mon goût ne la gênait pas du tout. Si elle me fait une pipe sans pénétration, donc « jusqu'au bout », je préfère jouir dans sa bouche parce que je reste au chaud, bien englobé, bien enveloppé. C'est phénoménal.

Mathias. Un peu de doigté les filles !

Aucune fille ne m'a jamais fait jouir en me suçant comme elle le voulait, parce que j'ai besoin de sentir une pression constante tout au long de mon sexe. En fait, ce que je préfère, c'est qu'elle reste totalement passive et que je la baise dans la bouche. Si elle m'écarte les fesses en même temps, là c'est vraiment bon. Au tout début quand je commence à éjaculer, j'ai vraiment envie qu'elle me rentre un doigt dans l'anus, mais je n'ai jamais osé lui demander. Je voudrais aussi dire aux femmes qu'une bonne pipe, ce n'est pas forcément prendre tout le sexe dans sa bouche et le pomper. Non, on voudrait un peu de douceur et d'inventivité, et pas forcément que notre organe disparaisse au fond de votre gorge. Je suis le porte-parole de tous mes copains !

Fabio. Toujours sucé, jamais joui

J'ai à la fois de la chance et pas de bol. Je ne suis encore jamais tombé sur une nana qui refuse de me sucer. Mais d'un autre côté, je ne jouis jamais comme ça. Alors les mecs, si votre meuffe ne suce pas, arrêtez de râler et surtout de rêver à un mirage : c'est pas mieux ailleurs.

Bernardo. Je ne suis ni prof ni psy

Moi, les conseils des sexo genre : « Dialoguez, allez-y doucement, ne l'effrayez pas », je veux bien mais ça va deux minutes. Je ne suis ni psy, ni professeur, je suis juste un mec qui aimerait prendre du plaisir avec une nana qui aime ça aussi. Qu'on se dise ce qu'on aime mutuellement, bien sûr, qu'on indique nos préférences, qu'on refuse certaines choses, pas

de problèmes. Mais attendre 6 mois une pipe parce que la fille « stresse » ou que son ex « lui a enfoncé trop loin dans la gorge alors maintenant j'ai plus confiance », non. Expliquer à une nana que quand on suce, on ne doit pas mordre, non plus. Le sexe, c'est pas une obligation quand même ! Alors les filles, vous qui passez votre temps à allumer les mecs, si c'est pour, une fois les avoir mis dans votre lit, leur dire « on éteint la lumière », « tu vas trop vite » ou « j'ai pas envie d'essayer parce que j'ai jamais fait ça », c'était pas la peine de nous déranger ! Excuse ma virulence, mais je sors d'une pauvre histoire avec une fille qui me l'a jouée « reine de Saba » pour m'attirer. Résultat, j'ai dû lutter presque 1 mois pour arriver à lui faire un cunni, et ça fait 5 mois que je lui offre cette caresse sans avoir l'équivalent en retour. Je ne veux pas passer pour un mufle, genre « je te donne ça contre ça » mais quand même, tu ne crois pas qu'un peu de réciprocité, c'est aussi la base d'une relation ? J'ai fini par la plaquer, elle n'a pas compris pourquoi. Je n'en reviens toujours pas. Quel égoïsme !

♥ **Sylvain. Ma plus mauvaise pipe**

C'est ça que j'ai envie de te raconter. Une fille que je rencontre en soirée, dont la réputation « sulfureuse » excite ma curiosité (dans un premier temps !). On dit qu'elle te fait des fellapipes inoubliables grâce à son piercing sur la langue. J'ai beau chercher le départ de cette rumeur, je ne trouve rien ni personne qui peut m'en dire plus. J'emballe la belle. Résultat, piercing gênant, pipe nulle, au revoir madame. Dès le lendemain, les langues se délient : tous

les mecs qui « y sont passés » se sont ennuyés à mourir, comme moi. Mais comme c'est la seule fille du coin qui est « facile » et qui accepte de sucer un inconnu dans un coin de porte, personne ne veut l'énerver. Histoire de pouvoir s'amuser un soir où tu te sens vraiment très seul… J'ai remis ça plus tard avec une autre « piercée », ça ne le fait toujours pas. Peut-être qu'il y en a qui aiment.

Jérôme. C'est les hommes qui sont dominés

Eh les filles ! Comment pouvez-vous imaginer une seconde que quand vous nous sucez, vous êtes soumises ? C'est exactement l'inverse. On est complètement à votre merci, vous avez notre sexe, notre plaisir entre vos mains et dans votre bouche, on ne peut que se sentir complètement soumis à votre bon vouloir et c'est ça qui est bon ! Se lâcher enfin, accepter que l'autre, la partenaire, joue avec notre corps, qu'elle impose son rythme (on crève d'envie de jouir vite, mais vous, vous savez que ça va être meilleur pour nous de nous faire encore patienter, quitte à nous rendre fous) et nous, on n'a qu'une seule liberté, celle de vous regarder dans les yeux pour vous remercier de tout ce bonheur que vous nous offrez. D'ailleurs, vous nous donnez bien ce que vous voulez : certaines te font une gorge profonde, d'autres te laissent juste entrer, mais pas trop loin pour pas être dérangées… Qu'est-ce qu'on domine, nous ? Rien du tout !

Marc. La fête des 6 sens

Le cunni, comme la fellation, c'est le seul moment

où tous les sens sont vraiment impliqués. On voit tout (sauf panne de courant), on sent tout (évitez le parfum et les déos intimes svp !), on goûte tout (oui, je suis cannibale, et alors ?), on touche bien sûr… Et il y a ce sixième sens qui fait que vous « savez » ce qu'il faut faire sans l'avoir jamais appris. Un vrai sentiment de puissance, aussi. Pourquoi faudrait-il que quand l'homme se sert de la femme pour prendre son plaisir, il la méprise ? Je n'ai jamais compris ça. Moi je rêve qu'une femme utilise mon sexe tendu comme un gode pour jouir comme elle l'entend. Mais ça ne vient jamais. Pourtant je n'aurais pas l'impression de n'être qu'un sex-toy ! Juste un homme avec lequel elle prend du plaisir, quel est le problème ? J'ai connu une fille qui ne se gênait pas. En échange, je pratiquais souvent un truc dont je raffole mais qu'il n'y a pas moyen de faire avec 99 % des nanas : c'est le coït buccal. Je veux dire, me masturber dans la bouche de la fille. Pas à chaque fois, bien sûr ! Et oui j'apprécie aussi énormément qu'elle me suce ! Mais parfois, j'ai juste envie de me branler dans sa bouche. Est-ce que c'est un crime ? En tout cas, elle, elle ne le voyait pas comme ça, elle m'encourageait quand j'avais envie de ça, et j'en garde non seulement un souvenir ému mais aussi de grand respect : elle écoutait mes envies, elle me prêtait son corps pour que je prenne du plaisir. Curieusement, les femmes imaginent que si on se masturbe dans leur sexe, on leur fait l'amour, alors que dans leur bouche, on les insulte. Mon dieu, mais combien de fois j'ai tiré une chatte juste pour

éjaculer, sans aucun respect pour la nana ! Je l'avoue humblement, parce que je sais que moi aussi, on me prend sans me respecter, parfois. C'est le jeu. Mais en tout cas une pratique n'est pas plus dégradante qu'une autre, ni dominante, ni soumise. C'est l'état d'esprit qui change tout.

Thomas. Ma copine n'est pas douée

C'est un peu galère, parce que ma copine est vraiment maladroite. Et je sais que ça ne s'arrangera pas. J'ai beau lui expliquer que le coude enfoncé dans le sternum (pas exprès), ça fait mal, que quand elle me mord les tétons un peu fort ça fait mal, que quand elle me masturbe vite fait mal fait, ça fait mal, que quand elle me suce avec la bouche trop grande ouverte (comme si elle ne voulait pas que ma bite touche sa langue, son palais, ses joues), ça me fait… rien du tout, on ne progresse pas. Elle connaît pourtant la technique, on en a suffisamment parlé ! Au début ça a été dur, d'aborder le sujet je veux dire, mais je me suis dit qu'il fallait prendre le taureau par les cornes, parce que si on voulait rester ensemble, moi j'appréhendais presque le moment d'aller au lit. Aujourd'hui, 15 mois plus tard, on en est toujours au même stade. Je ne sais plus quoi faire. Elle fait vraiment des efforts, ça se sent, mais elle est simplement totalement dénuée de talent. Je crois que je vais finir par la quitter, même si c'est la mort dans l'âme. Déjà, je ne sais pas si c'est à cause de ça mais je l'aime moins.

Alexis. Elle fait bien mais elle n'aime pas !

Ô rage, ô désespoir ! Ma copine n'aime pas le sexe

buccal. Ni les cunnis, ni la fellation. Alors que le pire c'est qu'à chaque fois, elle a joui avec un cunni, et qu'elle suce vraiment pas mal (c'est pas une chupa-queen mais elle se hisse à un rang très honorable quand même). Alors c'est pas pour râler mais finalement nos rapports sont assez limités.

Max. Pas juste le bout !
J'ai pas eu de chance avec mes deux dernières conquêtes. Je ne sais pas pourquoi mais elles croyaient dur comme fer que sucer le gland suffisait pour faire jouir un mec. Donc elles se contentaient de me lécher le bout de la bite, un peu comme un cornet à la vanille, avec des petits coups de langue tout à fait… soporifiques. Là vraiment, je préfère encore rien. Imaginez les filles c'est comme si pendant une séance de massage on vous massait seulement le bout des doigts !

Olivier. Je suis difficile à sucer
Alors moi je le dis : je suis super difficile à faire jouir par la pipe. J'aime les fellations mais est-ce que c'est parce que j'ai connu des bonnes suceuses et que je compare ? Je ne crois pas, en tout cas le fait est là : 8 fois sur 10, ça ne marche pas. Et je sais que c'est moi qui suis « hard » à démarrer, parce que certaines nanas ont fait grimper plusieurs de mes potes aux rideaux alors que moi je suis resté tout mou. Enfin non pas mou : ça part fort, je bande pas mal (pas comme une baleine mais quand même) et puis paf… peu à peu, je sens que ça part en couille (ha ha!), malgré la technique nickel de la fille. Donc c'est pas forcément parce

que la nana suce mal que ça ne marche pas, il y a une question de mec aussi. Du coup, je suis moins fan de cette caresse que les autres, je préfère passer par d'autres voies.

Kevin. Je ne jouis pas avec la pipe

Il paraît que c'est le top. Je veux bien le croire puisque la pratique fait l'unanimité. Mais moi, j'ai dû mal tomber. À part une fois dans la bouche d'une femme plus âgée et mariée (elle avait 30 ans, moi 17), je n'ai jamais éjaculé pendant une pipe. Pourtant je n'ai pas l'impression d'être spécialement mal sucé, personne ne m'a mordu, mais je ne sais pas, ça ne prend pas. Au début je suis excité, je sens que je gonfle un peu mais pas complètement, et puis je débande tout doucement dans la bouche de la fille, qui pourtant s'acharne. Ça doit être super vexant pour elle mais pour moi aussi c'est pénible. Surtout que je n'ai aucun problème pour bander quand on baise normalement. Mais la fellation, ça colle pas. Peut-être que c'est de ma faute, que je n'arrive pas à m'abandonner.

Bruno. Ça m'excite, sans plus

Pareil que toi, Kevin. Moi la pipe m'excite, mais je ne viens pas. C'est arrivé une ou deux fois par accident que je jouisse en 4 secondes à peine les lèvres franchies, mais franchement j'aurais éjaculé dans n'importe quoi ce jour-là. À part cette exception, il arrive toujours un moment où... comment dire... je m'ennuie. Voilà, c'est ça. Donc je finis par sortir de sa bouche et on passe à autre chose parce que sinon ça m'énerve.

Max. La pipe, seulement en préliminaire
D'accord avec vous les gars. Je commence presque toujours par me faire sucer un peu, mais c'est juste pour bien bander. Après, on passe très vite à un rapport sexuel normal, ou à la sodomie, ou à n'importe quoi d'autre, mais sans trop traîner sinon je perds mon érection et il faut tout recommencer depuis le début. En plus, ça me fatigue, je veux dire physiquement. J'explique le topo : la fille commence à me sucer, ça m'excite, je sens le moment, le point où le désir ne monte plus (c'est jamais bien haut, je suis toujours plus chaud quand je me branle par exemple, ou quand je mate un porno), et quand je sens ce « moment », je dois en profiter pour pénétrer tout de suite, un sexe ou un trou, n'importe lequel. Si je ne rentre pas directement et que je ne suis pas stimulé, tout retombe, et je suis pris d'une fatigue genre « masse », un peu comme après avoir joui. Et là autant vous dire que c'est foutu pour la soirée…

Jules. Bonne pipe : réservé aux vraies douées
Honnêtement, faut arrêter de se la raconter les mecs. Et les filles aussi. Si on parle vrai, on est tous d'accord pour dire que l'éjac pendant une pipe, c'est vraiment pas la règle. C'est seulement quand la fille suce bien, très bien même, qu'elle aime ça, et qu'elle fait tout pour t'emmener jusqu'au bout, jusqu'à ce que tu jutes. Alors déjà c'est pas si courant qu'elles acceptent de sucer, c'est encore 10 fois plus rare que ce soit top (la plupart du temps t'es obligé de te branler dans leur bouche si tu veux garder le bon rythme), et c'est encore plus rare qu'elles veuillent t'embarquer

jusqu'au grand final. L'équation est simple : soit tu tombes sur une fille très douée et qui aime ça, une reine du Chupa quoi, soit c'est mort.

Thomas. Un peu de patience !
J'ai remarqué que les filles ont besoin d'un petit moment pour s'adapter à ma queue. Je n'en ai jamais rencontrée qui me suçait bien dès la première fois. Il y a un ou deux ratages, et après, ça vient tranquillement. Au bout de quelque temps, elle a le rythme, elle met la main à la base du sexe pendant qu'elle suce en haut, elle accepte aussi que le gland aille plus profond, elle serre plus la bouche, les lèvres, on dirait qu'elle prend confiance. J'imagine que chaque mec doit réagir différemment et qu'il faut un temps d'adaptation à chaque bite. Je fais toujours preuve de patience parce que je sais qu'en général je suis récompensé. C'est pas forcément transcendant, mais j'arrive presque toujours à jouir, à partir disons de la 5 ou 6e pipe.

Lucas. Douce morsure
Est-ce que ça serait trop demander de ne pas mettre les dents ? Merde ! Mon meilleur pote dit qu'il aime bien qu'on le mordille, enfin quand il dit ça, c'est presque mordiller avec les lèvres, c'est vraiment plus que doux. J'ai voulu essayer, j'ai demandé à la fille d'appuyer un peu, MAIS UN PEU ! Et pas avec les incisives ! Je demanderai plus jamais.

Brendan. Pipe ou liposuccion ?
De quoi on parle, là ? On a tous rencontré des nanas reines de la pipe parce qu'on éjaculait au bout de

30 secondes. C'est ça avoir du plaisir ? C'est ça une fellation fatale ? Efficace, mais teuton. T'as l'impression qu'on t'aspire consciencieusement les couilles, mais ton orgasme, sur une échelle de 1 à 10, il est à 1. Oui, tu jouis, mais dans les 10 secondes, après, tu peux passer à autre chose, ranger tes papiers ou fumer une clope en pensant à comment t'as garé ton scooter. T'as eu une espèce de vide-couille, j'imagine que c'est comme une liposuccion, quand on voit passer le gras dans les tuyaux. Ben là, pareil. Une liposuccion des couilles ! La vraie bonne suceuse, c'est celle qui parfois hésite, écoute ta bite, évalue ce que tu aimes, ce qui te fait de l'effet, ou un peu moins, mais ne cherche pas à te mener à l'éjac en moins d'une minute. Elle joue avec ton sexe, c'est une autre dimension, bien plus intéressante.

♥ Erwan. Dis moi comment tu suces…

La fellation, c'est très révélateur. Tu vois tout de suite si la fille donne, si elle est du genre « mécaniste », si elle est généreuse ou pas. Il y a des façons intelligentes de sucer et d'autres, très connes. Moi, une fille qui me prend entre ses lèvres, je sais dans les 15 secondes qui elle est.

Jean-Do. Une pipe peut en cacher une autre

Je distingue tout un tas de situations et plein de raisons pour ne pas arriver à jouir comme ça. T'as la pipe « par hasard », la fille qui te suce un peu mais juste pour te maintenir en état d'excitation, tu sais, et elle aussi, que tu vas pas finir dans sa bouche : elle suçote, elle aspire un peu, elle caresse du bout des doigts, elle lape un grand coup mais ça s'arrête au

bout, bref elle s'occupe de ta bite comme de n'importe quelle autre partie du corps. Là, sauf accident, pas d'éjac. Autre possibilité, tu sais que la nana ne veut pas avaler et peut-être qu'inconsciemment ça t'empêche d'y aller, de te lâcher à fond. Du coup, ça bloque à un moment ou à un autre. Encore autre chose, la pipe qui commence à fond, mais toi dans ta tête y a un turn over : t'as envie de la prendre, de la baiser à fond, tu veux son sexe et rien d'autre, du coup, rien à faire, ça ne te sort pas du crâne, et tu pourras pas jouir dans sa bouche, sauf si tu te concentres à fond. Donc finalement le seul pompier qui se finit en tuyau d'arrosage, c'est quand ce but-là est voulu par les deux. Et même, ça peut foirer si t'es fatigué, pas « là », si la dame se débrouille mal, bref, pô gagné d'avance contrairement à ce que croient les nanas !

♥ **Ronald. Les premières pipes sont les meilleures**
Alors moi, bizarrement, c'est pendant les premières pipes avec une nouvelle nana que je prends le plus mon pied. À l'excitation de la découverte s'ajoute l'émotion. Quelque chose comme « ouf ! elle veut bien de moi dans sa bouche, putain ce que c'est bon » et ça part en live, je ne retiens rien, ça me déborde dans les 3 minutes, je sens que je monte et que je viens quasi en même temps, et pourtant je ne suis pas un éjaculateur précoce ! Mais après ça s'émousse un peu, et c'est dans les pipes « after » que ça peut rester un peu mou… sauf si la technique est imparable, mais c'est rarement le cas.

Renaud. Je jouis à chaque pipe, même mal faite
J'ai jamais de problème pour jouir comme ça, du moment que la fille me suce sans me faire mal, même si c'est pas top, qu'elle me touche un peu les boules en même temps ou, mon paradis de la sucette, qu'elle les aspire, je pars en fusée. Je dirais même que les expertes de la Chupa, je ne cherche pas forcément à les revoir. C'est sûr, ça marche tout seul et tu éclates dans les 4 minutes, c'est bon, t'exploses de folie, tout se désintègre dans ta tête. Mais ces filles-là, les super pro qui appliquent bien le mode d'emploi, en appuyant ici, en pressant de plus en plus fort avec une régularité de cheminot de la SNCF, tu te dis automatiquement qu'elles ont fait EXACTEMENT la même chose avec leurs autres mecs avant. Tu sens bien que t'es une mécanique, toute notion de sentiment s'envole dans les 2 secondes où elles t'ont pris entre leurs lèvres, et elles pompent jusqu'à ce qu'elles obtiennent ce qu'elles veulent. Au total, ça fait une satisfaction limitée. Évidemment c'est nickel dans certaines circonstances, quand on n'a pas le temps, qu'il faut speeder, etc. Mais quand c'est à chaque fois le même déploiement de technique, ça me gonfle.

Barnabé. La pipe c'est reposant
Sur un plan purement technique, la bouche, y a pas mieux pour jouir, c'est chaud, ça peut être bien serré, il y a la langue qui te retourne comme une crêpe, bref, c'est quasi joué d'avance, une bite peut pas lutter contre cet attirail, même mal utilisé. Et si dans bien d'autres pratiques tu dois parfois te concentrer pour bien rester à ce que tu fais et pas

débander, là vraiment, le simplement mécanique prend le pas. Tu as refilé ta queue pleine, on va te la rendre vide, c'est bingo à chaque fois, sans réfléchir ni rien. Très reposant !

Mathieu. Salope ou timide ?

La dernière fille que j'ai rencontrée me dit : « J'aimerais bien te sucer mais pas la première fois. Je ne voudrais pas que tu me prennes pour une salope. En plus si c'est seulement un one shot*, pas la peine de sucer. » Alors là ça m'a sidéré. Les femmes, j'y comprends rien de rien. D'abord un one shot, c'est justement fait pour ça, tout faire, la pipe comprise, non ? Si c'est pour se regarder dans le blanc des yeux… non merci, ça on verra plus tard, après 15 ans de mariage. Et deuxio, salope, comment ça salope ? Il n'y a pas d'un côté les salopes qui sucent la première fois et de l'autre les psychorigides qui attendront le troisième trimestre pour s'approcher les yeux fermés de ton engin ! D'ailleurs salope, c'est pas une insulte, c'est un compliment ! Je crois que les soixante-huitards ont fait vraiment du mal à véhiculer ces notions de « celle qui accepte tout la première fois, on peut la baiser mais pas la marier ». C'est resté, et c'est bien dommage parce qu'avec une théorie pareille on va pas loin. Moi, une fille qui la joue coincée dès la première fois, c'est pas compliqué, elle reviendra jamais en deuxième semaine. Donc c'est exactement l'inverse : un 69, un cunni, une pipe, faut que ça se passe naturellement, tout de suite, c'est là que tu sens si la fille est prête à se donner, si on va pouvoir s'amuser, ou s'il va falloir encore ramer, l'ouvrir à l'amour, etc. J'ai passé l'envie de jouer les profs et les papas. Il

ne s'agit pas de tout essayer, de tout tester dans les deux heures, mais de profiter du corps de l'autre, de donner et de prendre du plaisir sans entrave. Je suis un homme, je cherche une femme. Je ne suis pas un pervers qui cherche une salope. Rentrez-vous ça dans le crâne les filles, parce que je me fais le porte-parole de la majorité des mecs de ma génération !
* *Rencontre d'une nuit.*

♥ Clément. Respect
Tout à fait d'accord avec Mathieu. Ce n'est pas parce qu'une fille couche ou ne couche pas, suce ou ne suce pas, la première fois ou pas, qu'on va la respecter ou pas. Le respect se situe tout à fait ailleurs, dans la personnalité, les valeurs de la fille (par exemple si elle est raciste, radine, si elle dit du mal de ses copines ou d'autres gens, etc.). On n'est pas des bites sur pattes, arrêtez de penser ça, même si les anciennes générations ont tout fait pour vous le faire croire. C'est super faux. Une fille pas très bandante mais spontanée, open, nous fera nettement plus craquer, et plus durablement, qu'une blondasse sans neurone qui chichite sur tout.

Adrien. Une bonne suceuse ça obsède
C'est simple, depuis que je me suis fait sucer comme jamais, je ne pense plus qu'à ça, qu'à elle.

♥ Joseph. Je peux laisser mon numéro ?
Moi je me demande si les filles qui ne sucent pas c'est parce qu'elles détestent ça ? Ou parce qu'elles ont peur de passer pour des salopes ?

Ou parce qu'elles ne savent pas s'y prendre ? Ou les 3 ? Parce que dans tous les cas on peut s'arranger… Moi j'adore qu'on me fasse une sucette. Je peux laisser mon numéro, là ?

Christophe. Avec envie sinon rien

Il n'y a RIEN de pire que la fille qui te suce pour te faire plaisir. On le sent immédiatement, par rapport à une autre qui le fait parce qu'elle aime ça. Donc si pas envie, pas de pipe, merci ! Je préfère encore faire un sudoku. Mais les super bonnes suceuses, là, respect. T'as vraiment l'impression qu'elles t'ont rentré un tube et qu'elles aspirent tout ce que tu as dans toi, tes couilles bien sûr mais quand t'es vraiment entre les mains d'une reine de la suce, t'as la sensation que tout va passer par ta verge : sperme, squelette, muscles, et même draps, matelas, tout ! T'es comme une enveloppe qui se vide, c'est incroyable. T'as l'impression qu'on te trait, comme une vache. Aucune image plus précise ne me vient ! Mais des pipes comme ça, où tu crois que le matelas va te passer au travers, t'en as une fois dans ta vie (sauf si tu laisses pas partir la fille, là tu l'auras pour toute la vie, heureux gagnant, on devrait tripler tes impôts, c'est vrai, il faut une justice) !

Rob. Expérience gorge profonde

Extraordinaire. Ça ne m'est arrivé qu'une fois, mais j'avais l'intégralité de ma queue dans la bouche, avec le gland dans la gorge de la demoiselle. Je sentais carrément sa glotte sur mon bout, j'avais une sensation d'enserrement inégalée et ses lèvres touchaient la peau de mon

bas ventre, mes poils même. Tout avait disparu, je n'avais plus de sexe et en même temps n'étais plus qu'un sexe. Impression d'être à 100 000 % à sa merci, donc grande confiance indispensable. Je crois que j'ai éjaculé directement au fond de sa gorge. Je n'ai plus jamais ressenti ce plaisir avec aucune autre fille après.

Cyril. N'avalez pas mes couilles s'il vous plaît !
Je ne comprends pas pourquoi mes potes adorent qu'on leur suce et qu'on leur avale les lucioles. J'ai horreur de ça !

Roy. On aime ou on n'aime pas
Il y a une super confusion chez les nanas. Elles croient que pour prouver qu'elles aiment faire l'amour (et donc ne pas nous perdre, je résume), elles doivent tout accepter, même ce qu'elles n'apprécient pas. C'est une grave erreur ! D'abord parce que ça ne dure pas dans le temps, et en plus on part sur des mauvaises bases. On peut très bien comprendre qu'une fille aime faire l'amour, mais n'aime pas sucer, par exemple. Ou qu'elle adore le cul mais n'est pas très portée sur la sodomie : si ça lui fait mal, quel intérêt ? Nous aussi y a des trucs qu'on n'aime pas. Pourquoi se forcer ça n'a aucun sens ! Si tu vas dans un bon resto, le but n'est pas de goûter un peu tout sur la carte, le sourire plaqué aux lèvres, même les abats si tu as horreur de ça. Le but est de se faire plaisir, du coup la personne avec qui tu es voit que ça pétille dans ton regard, que donc tu es vraiment bien avec elle et ça, c'est aphrodisiaque, excitant, sensuel. Mais

pas le kamasutra par le menu ! Donc si tu aimes sucer, suce dès la première fois, ça ne sera jamais mal interprété, jamais ! Si ça ne te dit rien, ne le fais pas, c'est tout simple. Mais pas de prétextes fallacieux genre « on verra ça la prochaine fois » ou « j'attends de mieux te connaître » ou autre. Soyez honnêtes les filles, et on le sera aussi.

Fessée

Boris. Donner ou prendre une fessée ?
D'accord pour administrer la fessée, mais seulement de temps en temps, quand on veut la jouer un peu « film » et que c'est bref. Genre 5 ou 6 tapes qui claquent bien fort dans la pièce, et puis voilà. Comme ça, ça me fait grimper. Le plan je te cravache pendant 1 heure comme si on était à une reprise d'équitation, là non. Mais j'ai aussi pris une fessée un jour et si la chose m'a semblé vraiment incongrue au début, j'ai finalement apprécié la sensation. Cela dit c'est un tout autre esprit que « dans l'autre sens ». Un homme qui fesse une femme est « normal » (il obéit à ses pulsions). Une femme qui fesse un homme, ça ne l'est pas (l'homme se soumet mais ce n'est pas naturel).

Fidélité

Bruno. L'infidélité c'est quand on couche
Je vis en ce moment un cauchemar. Je suis avec Léna depuis 4 ans, elle m'a trompé, elle veut me quitter… mais elle n'y arrive pas. Du coup, c'est l'enfer parce

que moi je l'aime, je voudrais qu'elle reste mais je ne fais pas de pression pour ça, je veux que ça vienne d'elle. À la maison, nous faisons chambre à part pour le moment mais elle ne voit plus l'autre mec. De mon côté, j'ai un énorme besoin de rapports physiques et de tendresse, alors je vois régulièrement Aline, mais je ne trompe pas Léna avec elle (je ne veux pas du « œil pour œil, dent pour dent », je veux rester irréprochable) : on s'embrasse pendant des heures, on se caresse, on se suce, on se lèche, on jouit, oui. Mais il n'y a pas de pénétration, j'ai été très clair dès le départ. Et tant que Léna sera avec moi, je ne pénétrerai pas Aline (voir p. 65, côté femmes).

♥ Jerry. Les hommes et les femmes voient pas l'infidélité pareil

Tu connais cette question : « Est-ce que tu préfères que ton partenaire couche avec une autre en pensant à toi, ou couche avec toi en pensant à une autre ? » Les mecs préfèrent que leur nana les trompe « en pensée », les femmes préfèrent que les mecs les trompent « en vrai ». On n'en sortira pas. Cela dit, c'est assez facile à comprendre, même si c'est dur à expliquer. Le mec est à fond ici, ou là. La nana est plus élaborée, elle peut être avec l'un et penser à l'autre. Enfin c'est ce que je croyais jusqu'à récemment. Eh bien figure-toi que ma nana kiffait sur son boss. Elle m'en avait parlé et ça m'agaçait un peu bien sûr, mais c'est devenu peu à peu un jeu érotique dans notre lit : on faisait comme si on baisait à 3 – parfois c'était une amie « imaginaire » femelle pour moi, dont je changeais toujours le prénom, parfois c'était

son boss. Nos séances étaient tellement fortes qu'elle acceptait du coup de faire plus de choses, je passais donc sur le côté un peu « jaloux » pour profiter pleinement de son désir décuplé. Eh bien j'ai appris dernièrement que finalement elle couchait aussi avec son boss en vrai. C'est assez déstabilisant parce que tu te dis, ça c'est comme les gens qui veulent se suicider, s'ils le font, ils n'en parlent pas. Pas du tout ! Elle, elle le fait ET elle en parle. Et moi comme un con je l'aime et je reste. Et j'ai même pas envie de la tromper parce que ce serait la trahir. T'as vu où j'en suis !

Fabrice. Pas vu pas pris

Je ne suis pas fidèle, même si j'aime la fille avec qui je suis. J'ai envie de voir d'autres jambes, d'autres courbes. L'idée de me dire qu'elle est la dernière que je touche m'effraie au plus haut point, et pour un peu, ça me passerait quasiment l'envie d'y « aller ». Je déteste les trucs obligatoires, les passages obligés ! Je vis au fil des rencontres, que ce soit au boulot, au parc, au resto avec des collègues. La vie est courte, profitons-en. Ma copine ne le sait pas, mais pourquoi lui faire de la peine gratuitement ? Ce n'est pas parce que je la trompe que cela remet en cause les sentiments que j'ai pour elle ! Je ne pense pas qu'elle en fasse de même de son côté, mais peut-être qu'un jour, cela lui prendra à elle aussi. Tant pis pour moi, l'essentiel est que je ne sois pas au courant, si cela n'a pas d'incidence sur notre vie de couple.

♥ Philippe. Un tel manque de respect

J'ai vécu plusieurs histoires quand j'étais plus jeune avant de tomber vraiment amoureux. Je m'en suis rendu compte quand j'ai vu qu'elle me manquait pendant la journée, que j'avais tout le temps envie de l'appeler et si elle ne le faisait pas, c'est moi qui décrochais mon combiné… Après quelques semaines, j'ai compris que je l'aimais vraiment, que j'avais pour elle des mots que je n'avais jamais eus pour personne d'autre auparavant, à quel point j'aimais tout en elle. Là, j'ai su que je ne pouvais plus imaginer ma vie sans elle, qu'avec elle, je voulais construire ma vie et notre famille. Et en ce qui concerne la fidélité, quand on a bien pris conscience de tout ça, vraiment, je ne vois pas pourquoi on irait coucher ailleurs. Ce serait un tel manque de respect vis-à-vis d'elle que je m'en voudrais à vie. Non, vraiment, je trouve ça moche. Et le moche, ce n'est pas pour nous.

Damien. Infidèle par nécessité

Je suis un cas pathologique avec les sentiments, mais je me soigne et je consulte un psy. Il suffit que mes sentiments pour une fille se renforcent un peu pour que je prenne la fuite. Alors ayant constaté la situation, j'y travaille, j'essaye de faire face et d'accepter les sentiments que je ressens. Ce n'est pas simple, et rien que d'expliquer tout ça à une fille, elle est fatiguée et elle prend ses jambes à son cou vite fait. Le pire dans tout ça, c'est que je la comprends et que je me fais l'impression d'être un mec hypercompliqué. Donc je n'en suis pas encore au stade de la fidélité.

♥ **Timothé. Elle est infidèle ? Je m'en fous !**
Je sais très bien que Anna me trompe, mais je vais te dire : de toutes façons elle fait tellement mal l'amour que je m'en bats les steaks qu'elle soit infidèle. Par contre, mon ex me trompait aussi et là ça me rendait horriblement jaloux. Je l'aimais, je l'aime toujours. Salope. Toutes pareilles.

FRENCH KISS

Jean. Lécher mes lèvres
Un truc que j'adore qu'on me fasse, c'est qu'on me lèche les lèvres. En plus du french kiss qui peut durer des heures (pour moi), j'adore qu'on me dévore la bouche, qu'on me suce les lèvres, l'intérieur des joues. Ça me rend flagada de désir. Je pars complètement. Les filles ne le font jamais, elles n'y pensent pas. Et moi quand je leur fais, ça les agace, je le vois bien. Ça dure 3 secondes mais après elle me font comprendre que bon les choses sérieuses ça arrive quand exactement. Prenez votre temps les filles, quoi !

♥ **Christopher. Kiss**
C'est drôle parce que la première fois que tu embrasses une fille, tu es tellement transporté que tu pourrais te marier tout de suite avec elle. C'est l'extase, il n'y a plus qu'elle et toi au monde. Moi, ça m'a bien plus marqué que ma première fois au lit ou ma première masturbation. Et plus tard, tu as beau faire n'importe quoi avec une femme, elle n'arrive pas à retenir ton cœur…

sauf si elle embrasse encore bien. Ça doit être un retour vers l'enfance pour moi, en tout cas ça marche à chaque fois. La dernière qui m'a scotchée c'était dans le bus, on avait commencé à s'embrasser avant de monter dedans (notre premier baiser à elle et moi!) et là, black-out total dans le véhicule, tous les gens ont disparu, il n'y avait plus que nos deux bouches réunies, en fait les langues surtout (pas forcément dans les bouches d'ailleurs – maintenant quand je vois ça sur d'autres ça me dégoûte un peu enfin je me dis qu'ils manquent de pudeur et qu'on a du gêner des passagers à cause de ce truc précis), c'était énorme. Ça a duré peut-être 20 minutes, et elle est descendue avant moi, ma station était la suivante. C'était il y a 7 ans et je m'en souviens encore. On s'est revus le soir, on a fait l'amour, tout ça, c'était très bien aussi, mais aujourd'hui, quand je repense à elle, je bloque sur le bus.

Homo et bi

Franck. Coup d'essai

J'ai déjà eu une histoire avec un homme pendant deux semaines. Au niveau sexuel, je ne voulais pas pratiquer la sodomie, alors on s'est masturbés et sucés. Je ne regrette rien. C'était une expérience somme toute agréable, même si je n'ai jamais récidivé. Aujourd'hui, je suis marié et j'aime ma femme. J'ai plutôt vécu cette relation comme un « test » pour aller au bout des questions que je me posais à ce moment-là. Le corps d'un mec, ce n'est quand

même pas pareil, même si c'est excitant aussi, c'est différent. Idem pour l'acte sexuel. C'était très doux, mais les sensations n'avaient rien à voir. J'avais vraiment l'impression que ce mec connaissait mon corps par cœur.

♥ Hervé. Du bout des doigts

J'ai eu à 18 ans une aventure homo, avec mon meilleur pote de l'époque. C'était à l'issue d'une soirée bien arrosée, on s'était roulé des pelles pour provoquer un peu les filles qui, elles-mêmes nous « cherchaient » en se frottant les unes aux autres. Je devais dormir chez ce pote, et quand on s'est retrouvé dans le même lit, on a commencé à se masturber. On n'est pas allé au bout, on n'est pas allé plus loin, et on n'en a pas reparlé. D'ailleurs, je ne m'en suis pas vanté. Pourtant, ça m'a excité. Aujourd'hui, je préfère quand même les femmes.

Jérôme. Dans mes rêves

Je fais nettement la différence entre le fantasme et la réalité. Dans les actes, allez, j'ai déjà embrassé des potes sur la bouche à des soirées où j'étais un peu chaud, mais sans la langue ! Juste des petits kiss quoi. Les mecs ne m'attirent pas, c'est clair. Maintenant, dans mes fantasmes, c'est différent. Quand je suis dans le trip d'une relation un peu « brutale » (sans violence bien sûr, mais un peu « brusque » ou « soudaine »), j'aime bien me dire qu'un mec me « prendrait » plus fort, que ses mains me serreraient plus… Mais dans les actes, beurk les poils, tous ces muscles… Non, ce n'est pas mon truc.

♥ Patrick. Pour le plaisir

Je suis marié et bi. Avant de connaître ma femme, j'avais déjà eu des relations homo, et j'ai aimé ça, oralement et analement. Aujourd'hui, j'ai toujours des aventures épisodiques avec des mecs, c'est juste pour le plaisir, ce ne sont pas des « relations ». Ma femme le sait et je lui ai expliqué que c'est un plaisir différent que celui qu'elle peut m'apporter, même si elle utilise parfois un petit gode avec moi. Je pense qu'elle comprend, mais qui sait vraiment à part elle ? J'ai toujours eu des relations avec des filles ou des mecs. Sexuellement, c'est différent, l'un n'est pas mieux ou moins bien que l'autre.

Benjamin. Si ma femme veut bien

Je suis très attiré par le sexe de l'homme, mais pas du tout par l'homme en lui même. Juste son sexe... Je pense que ça tient du fantasme plus que de l'homosexualité, mais si j'avais l'occasion un jour, j'aurais bien envie de sucer un sexe d'homme pour voir la sensation que ça fait, et celles que je lui donne. J'en parle parfois avec ma femme, qui bien qu'elle ne me le reproche pas, trouve cela un peu curieux. En tout cas, je ne me vois pas passer à l'acte sans elle. J'aimerais bien que, comme moi, elle trouve ça excitant. On n'y est pas encore !

♥ Alain. Marié mais ouvert

Je n'ai jamais eu d'aventure homo, mais je pense que ça me plairait. En fait, je dis ça parce qu'il arrive que ma femme me gode, et ça me donne un plaisir hallucinant. C'est là que parfois le

fantasme vire un peu à la réalité (je ferme les yeux, et j'imagine que c'est un mec qui est sur moi). J'ai l'impression de comprendre ce que ressentent les femmes quand on est en elles, à la fois dedans et dans la manière dont on les « pousse ». Je trouve ça hyperexcitant, et ma femme aussi, il n'y a qu'à voir comment elle mouille quand nous sommes dans ce style de rapport…

David. Rêve de femme

Je suis homosexuel et pourtant j'ai envie d'une femme. Vous pensez alors que je suis bisexuel, mais pas du tout. La vérité, c'est que j'ai toujours été attiré par les garçons, mais que l'année dernière il s'est passé des trucs qui ont profondément remis en question jusqu'à ma sexualité. Je suis obligé de rentrer un peu dans les détails, ne serait-ce que pour que ce soit plus clair pour moi.

Voilà comment ça a commencé. Je passais chez une amie pour l'aider avec son ordinateur. Ses problèmes informatiques étaient très techniques et longs à régler, donc elle ne pouvait rien faire pour m'aider et elle a fini par s'endormir sur le canapé pas loin de moi. Vers 2 heures du matin, elle s'est réveillée et a vu que je bataillais toujours avec sa bécane. Elle m'a demandé l'autorisation de toucher mes oreilles (elle bloquait sur mes oreilles : elles sont très longues, et bizarres il paraît), ce dont je n'avais pas très envie mais j'ai dit oui. Croyez-moi ou non je suis tombé raide amoureux d'elle depuis ce jour. Jamais dans une relation avec un mec je n'aurais pu rencontrer quelque chose d'aussi doux et sensuel, et surtout d'aussi… je ne sais pas… ça m'a vraiment retourné.

Pourtant elle n'a rien fait d'extraordinaire mais en même temps tout était fou : je me disais « si elle caresse mon sexe comme elle le fait avec mes oreilles, je deviens dingue ». Ça m'a excité à un point que je ne pourrais définir. Je suis parti plus tard dans la nuit en la laissant dormir, non sans l'avoir regardée pendant de longues minutes. J'avais envie de lui faire l'amour mais je me disais « laisse tomber, c'est trop fort pour toi, cette fille n'est pas pour toi, et en plus t'es puceau donc tu sauras même pas t'y prendre ». Et en plus elle habitait avec son copain, donc pas touche.
Chez moi, j'ai commencé à me masturber comme je ne l'avais jamais fait : je voulais éjaculer partout, sur la moquette, la table, le papier peint : je voulais voir mon jus (alors que d'habitude, je suis plutôt discret, je termine dans un Kleenex ou dans le lavabo, etc.). Je continue aujourd'hui.
Le deuxième épisode est arrivé quelques semaines plus tard. Je vivais avec mon petit copain depuis plusieurs mois, mais depuis cette histoire d'oreilles, je ne pensais plus qu'à elle, en fait. Mon couple s'est détérioré à cause de ça et j'ai laissé filé Arnaud, dont j'étais pourtant amoureux. J'ai déprimé, je suis resté dans mon coin, et je passais ma journée à me masturber en pensant parfois à Arnaud (de moins en moins) et parfois à la fille (de plus en plus). Elle ne se doutait absolument de rien, et elle est un jour passée à l'improviste pour me préparer un gâteau au chocolat. C'est là que je suis devenu vraiment aliéné d'elle. Elle m'a tartiné les doigts de chocolat fondu et m'a léché les mains. Ça paraît banal comme ça, sauf que j'ai éjaculé dans mon jean Calvin Klein. J'étais honteux, surtout qu'il y avait chez moi un

copain bi, JeanMi, et qu'il a tout vu et tout compris. La fille est partie en me laissant le gâteau dans le four et elle s'est juste marrée en voyant mon état. Voilà, donc, pour moi ce qu'est le désir.

Troisième épisode : le fameux JeanMi m'a avoué récemment qu'il était sorti avec cette fille (une seule fois) et il m'a dit que c'était la meilleure bouche qu'il avait jamais embrassée. Il m'a donné des précisions qui m'ont vraiment mis l'eau à la bouche, c'est le cas de le dire… Je lui ai demandé s'ils avaient couché ensemble (pour avoir des détails) mais il m'a répondu que non, qu'il lui avait juste demandé ça pour son anniversaire et qu'il avait déjà été très étonné qu'elle accepte (elle n'est pas du genre facile d'accès). Je précise que mon anniversaire à moi c'est le 16 février, au cas où elle me lise... Quand j'ai rencontré encore un autre type qui, lui, était carrément devenu ouf à cause d'elle, j'ai craqué et j'ai posé plein de questions à ce garçon. Lui, son seul objectif dans la vie, c'est de se faire encore sucer par elle. Il m'a raconté ses orgasmes de folie. Et du coup, c'est devenu mon objectif à moi.

Quand je me branle, plusieurs fois par jour, je ne pense plus qu'à sa bouche. Mais j'ai aussi retrouvé mes bonnes vieilles habitudes d'ado : je me suce. En fait, mon sexe est assez long, et je fais beaucoup de yoga, donc je suis très souple. Quand j'étais ado, déjà, je me faisais des autofellations, mais après j'ai arrêté, par flemme surtout. Maintenant, avec toute cette histoire qui me détraque, je trouve que la main est froide et sèche, j'ai vraiment besoin d'une bouche, et pas de lèvres de mecs. Donc je m'efforce de me sucer comme j'imagine qu'elle le ferait pour

moi. C'est impossible puisque je ne peux que prendre mon gland dans la bouche, je n'arrive pas à descendre tout du long, mais en fermant les yeux, c'est plutôt bien. Par contre, je déteste avaler mon sperme alors que j'aime bien celui des autres mecs. Donc j'imagine que c'est son goût à elle mais quand je fais ça j'ai l'impression de ne pas en avoir le droit, et donc je m'arrête parce que je culpabilise.
Voilà, donc, pour moi ce qu'est le plaisir : mêlé à de la culpabilité et à tout un tas de choses contradictoires. Et comme je sais que je n'ai aucune chance de l'avoir, je suis rentré dans une quête effrénée de sexe qui est plus que paradoxale. Tous les jours ou presque je ramène un mec différent chez moi (ou je vais chez lui). Avant, j'adorais me faire sodomiser, maintenant je ne supporte plus : c'est moi qui encule, et surtout je me fais sucer en fermant les yeux et en imaginant que je suis avec la fille. Je ne supporte plus les grognements des mecs, alors que ce côté bestial m'excitait terriblement avant. Mon plus grand pied c'était de me prendre une grosse giclée dans le cul mais maintenant, je ne l'envisage même plus. Les odeurs d'homme me dégoûtent aussi un peu, mais je ne suis absolument pas attiré par les femmes. Quand je vois le sperme des mecs s'écouler quand ils se branlent alors que je les encule, je me demande bien comment fait la fille dont je rêve pour aimer ça. C'est tellement visqueux, ça pue, je ne sais pas, c'est grossier en fait. Et j'ai tout le temps envie de faire l'amour.

Encore un truc bizarre : avant, je ne me posais pas de question, je baisais avec un mec, parfois deux, et

je prenais mon pied, en général. En fait, j'adorais le sexe anal parce qu'il est tellement plus raffiné que le sexe tout court. Je veux dire que quand on pistonne ou qu'on se masturbe, c'est toujours plus ou moins les mêmes sensations : c'est bon mais c'est toujours le même déroulé. Alors que se faire baiser, c'est différent et beaucoup plus intense émotionnellement. En fait on a vraiment l'impression de se donner, de donner son intimité, de se livrer, de faire confiance, on est à la merci de l'autre. Et pour les sensations, on est plein, rempli, fouillé, testé, c'est vraiment autre chose. Bref, avant c'était simple. Maintenant, je dois me concentrer pour imaginer la langue tellement voluptueuse de la fille. C'est le mot, voluptueux : JeanMi avait aussi dit que l'embrasser, c'était pure volupté. Celui qui est devenu fou aussi. Pour essayer de voir si c'était dû à l'effet « fille », j'ai été voir une pute. Ça m'a dégoûté à vie des putes, elle était nulle, m'a fait jouir mais mécaniquement, je déteste ça. Je lui avait demandé de me toucher les oreilles aussi (tant qu'on y est) mais rien à voir ! Alors je me suis dit que je devais être amoureux de la première fille, c'est ça qui changeait tout, mais je ne crois pas non plus puisque je ne suis pas trop jaloux de savoir ce qu'elle fait et avec qui.

Maintenant aussi, donc, je n'aime plus me faire enculer. Je l'ai déjà dit, mais je dois préciser pourquoi. Je sais que cette fille fait jouir aussi comme ça, en massant doucement à l'intérieur de l'anus : le mec m'a raconté qu'il avait jamais autant joui de sa vie, et que c'était vachement plus profond et doux que n'importe quoi d'autre. Il m'a dit que c'était très étrange : pendant qu'elle lui faisait ça, son plaisir

montait doucement et obligatoirement, et qu'il n'avait pas eu d'érection mais que du sperme avait coulé quand il a eu son orgasme (il n'est pas sûr que c'est du sperme, en tout cas du liquide). Et le jour où elle l'a sucé tout en lui faisant ça, il a cru crever de plaisir. Donc, je crois que maintenant que je sais ça je lui réserve cette partie de mon corps, alors que je sais qu'elle ne me touchera jamais. Des fois quand je me branle j'essaie de me masser moi aussi mais c'est très inconfortable, ça me coince le poignet, ça me bloque la circulation, pas l'idéal pour jouir.

Au moins, maintenant, je ne suis plus puceau (depuis la pute), et si un jour j'ai le courage, je boirai quelques whisky et j'essaierai de lui faire l'amour. Là, j'imagine que tout sera doux, léger, fort et enveloppant, rien de comparable avec mes virées nocturnes qui me répugnent, finalement. Mais comme je sais qu'à la fin de la lecture de ces lignes elle sera dégoûtée de moi pour le reste de ses jours, que j'ai scié la branche sur laquelle j'aurais pu être assis un jour, au moins je préfère tout décrire, ça me fait du bien au cœur. D'ailleurs, en disant ça, je mesure l'abîme qui me sépare d'elle et rien que ça me montre que nous ne boxons pas dans la même catégorie. Elle, elle goûte, elle lape, elle prend son temps, elle sourit, elle vit avec sa langue, elle te dévore avec une infinie douceur et une sensualité à se taper la tête contre les murs en cas d'absence (je cite), tandis que moi je me contente de relations furtives et lamentables, sans jouissance des sens, seulement de la bite. Du coup, s'il m'arrivait quelque chose avec elle… j'ai tellement peur de devenir accro. Alors elle me jettera forcément et que deviendrai-je après ?

INTERNET

Alain. On appelle un tchat un tchat
Oui je vais chercher des infos sur la sexualité sur internet, et franchement, on s'amuse bien. Je vais sur des tchats et je m'éclate. Au moins, on appelle un chat un chat, les gens parlent parfois cru, mais au moins, on sait de quoi on parle. Et croyez-moi, c'est beaucoup plus drôle que de discutailler pendant des heures sur la politique étrangère des États-Unis ou sur la marée noire en Espagne !

Arnaud. Pas besoin de capote
Avoir une relation sexuelle avec quelqu'un rencontré sur un tchat, c'est archi-facile. Il faut être un peu aventureux si tu veux rencontrer l'autre dans la réalité, mais tu peux tout aussi bien avoir une relation virtuelle, au téléphone ou par mails. C'est très excitant, et ça permet de vivre un peu autre chose que la capote.

MASTURBATION

Miguel. Ma copine s'appelle Kleenex
Quand j'ai commencé à me masturber, je le faisais toujours dans la salle de bains : je m'installais au-dessus du lavabo pour être sûr que ma mère ne trouve pas de traces suspectes dans mes draps ! Ensuite, j'ai appris l'usage du Kleenex, ce qui m'a quand même simplifié la vie. Aujourd'hui, je me masturbe parfois, tranquillement installé chez moi. Je trouve que l'orgasme est presque aussi bon qu'avec une fille. Je

dis sûrement ça parce que je n'ai pas de copine et qu'en ce moment, c'est plus souvent ma main qui me fait jouir.

♥ **Stanislas. Al dente**

Quand on embarquait sur le porte-avion, tous les gars ou presque avaient des films porno dans leur valise, et ça tournait 24 sur 24. Que des mecs sur un bateau, ça parle de cul, c'est obligatoire ! Le truc bien connu, c'était de se branler dans une chaussette remplie de nouilles. Au bout d'un moment où j'en ai eu marre de me masturber à la main, j'ai décidé d'essayer. Ça ne fait pas illusion, mais ça change un peu ! Si les nouilles sont trop cuites, ça tourne rapidement à la bouillie, ou plutôt à une espèce de « pâte » collante. C'est pas super, mais je l'ai fait plusieurs fois pour tester en fonction de la température des pâtes. Ma pauvre chaussette… Quand j'ai quitté la Marine, je suis revenu à des pratiques, comment dire, plus traditionnelles. C'était un essai « culinaire », comme d'autres font avec le Nutella. Aujourd'hui, je ne me masturbe plus trop. Ça arrive exceptionnellement, si ma copine n'est pas là, ou si elle est dans une phase où elle n'a pas envie. Mais c'est sans plus.

Fabrice. Pas de ça chez moi !

Pour moi, ça fait partie des trucs d'ados, ou alors de célibataire, mais même célibataire, je trouvais d'autres moyens de passer mes envies (drague ouverte en ville, en boîte de nuit, à la fac, etc.). Aujourd'hui, je suis marié, j'ai une femme avec

qui je suis très complice et ensemble nous pouvons facilement parler de sexualité. Elle m'apporte tout le plaisir dont je rêve, pourquoi irais-je me branler dans un coin ? Sans elle, je ne vois pas bien l'intérêt. La pulsion peut bien attendre un peu, non ? Quand j'ai envie d'elle, je lui envoie un petit texto ou un mail, pour qu'elle partage un peu ce désir.

♥ Olivier. Trop triste en solo

Ça arrive que je me branle mais pas souvent parce qu'en général, je ne trouve pas ça « génial ». Une fois l'excitation retombée, je me sens vidé et déçu, vexé par ma solitude. Ça passe certes un morceau du désir, mais le vrai désir, c'est celui de partager ça et on ne l'a pas avec la masturbation en solo. Psychologiquement pour moi, c'est presque frustrant. C'est me dire : « Tu as eu du plaisir, oui mais tout seul. » Il manque l'autre moitié.

Emmanuel. La grande évasion

Je me masturbe, même sans ma copine, et je ne vois pas ce que ça a de choquant ou de bizarre. Ça ne m'empêche pas d'avoir envie d'elle. C'est une façon de donner libre cours au fantasme pour moi. Parce que, mine de rien, quand je fais l'amour avec ma copine, c'est à elle que je pense ! Alors parfois, je le fais pour fantasmer un peu sur les autres. Ça arrive que je me branle en pensant à elle, mais plutôt quand elle est absente pour une semaine. Là, je peux louer une cassette X pour la soirée. Je n'ai pas honte; je trouve ça beaucoup plus honorable que d'aller sauter la première qui passe sous prétexte que ma chérie est

en vacances. La masturbation n'est pas comparable à un véritable rapport sexuel, mais elle me permet de me « soulager », et ce n'est pas le calvaire non plus ! Après, je me sens beaucoup plus détendu.

> ♥ **Damien. Je me masturbe dans mon doudou**
> Je n'ai pas une vie sexuelle très développée, j'ai eu pas mal d'aventures, mais je suis aujourd'hui toujours célibataire. La masturbation me permet de passer mes envies, de me laisser aller. Ça peut durer 2 minutes comme 15 en fonction des moments et du film que je me fais. Je me masturbe dans une vieille écharpe en polaire. Elle est ultra-douce, et se réchauffe vite. Les sensations sont très agréables. Je jouis dedans parce que je n'ai pas le courage de me retirer, mais je la lave toutes les semaines. Ça fait quelques années que j'ai cette écharpe, et franchement, je ne sais pas si je pourrai changer ma façon de faire et me branler à nouveau dans ma main. J'ai l'impression que ce serait froid ou trop rugueux.

Benoît. J'ai peur qu'on me prenne pour un pédé
Je me masturbe comme tout le monde. Mais en fonction du temps que j'ai, je me fais « la rapide » ou la totale. La rapide, bon tout le monde comprend, mais je détaille un peu : j'étire la peau de ma bite le plus loin possible (j'adore voire ma queue très longue) et je pompe jusqu'à ce que la crème sorte. Généralement en 10 minutes maximum c'est bon, ça gicle. Mais j'aime mieux la totale, plus compliquée à réaliser mais plus raffinée. En fait, je n'ose pas trop le dire, finalement. Oh et puis de toutes façons j'ai

commencé, et puis tu m'as juré que c'était anonyme. Non mais quand même, j'ai peur qu'on me prenne pour un pédé. Bon allez, je le dis : je me rentre une bougie dans l'anus, je m'assois plus ou moins dessus, et je me masturbe la queue en même temps. Ouf ! c'était pas facile à raconter, mais maintenant que c'est fait, je suis content de voir que ça te fait sourire et que tu ne te moques pas de moi. Parce que vraiment les mecs, essayez ce truc, c'est super bon. En fait ça ne me donne pas de plaisir vraiment dans le cul mais ça augmente celui que je ressens dans le sexe. Un conseil quand même : évitez d'allumer la mèche... Par contre, ce qui est étrange, c'est que je n'aime pas que ma copine me mette un doigt, je trouve ça à la fois trop fin et trop « fouillant », alors que la bougie, c'est malléable et c'est moi qui dirige. Ça augmente la chaleur entre les jambes, ça renforce aussi la tension, le sentiment d'urgence qu'il y a à décharger. Je ne sais pas ce que ça touche dedans, mais je suppose que c'est comme le point G des filles. Un truc qui te fait hurler. J'ai remarqué que si la bougie est mal placée, qu'elle s'enfonce trop, je n'arrive pas à jouir (c'est trop léger, la sensation de mon point G anal), c'est presque «ça» mais jamais vraiment. Il faut en fait que la bougie entre presque à l'horizontale en moi. Et j'ai bien envie d'essayer un pénis, mais d'un autre côté je ne suis pas du tout attiré par les garçons, donc je pense que ça restera un fantasme.

♥ **Philippe. La branlette, elle sait ou elle sait pas**

En fait ça sert à rien de montrer, tout ça c'est des conneries. Quand tu lis les bouquins, c'est écrit « montrez-lui comment vous aimez être branlé,

elle fera pareil. » C'est vraiment débile ! C'est pas parce que tu regardes jouer un grand pianiste que tu sauras faire la même chose une fois devant ton piano ! Même quand tu prends la main de la fille pour te pignoler avec, elle pourra jamais refaire la même chose toute seule, le lendemain. Y a une question de rythme, de crescendo impossible à expliquer, avec des phases où il faut presque s'arrêter, d'autres où il faut appuyer un peu plus, la seconde d'après un soupçon de moins, y a des fois où il faut retrousser la queue à fond, d'autre fois ou le gland doit rester bien sous sa peau, bref, c'est impossible qu'elle fasse pareil, elle n'est pas dans notre bite. Faut arrêter de comparer nos propres branlettes avec celles que peuvent nous faire les meuffes. Par contre il y a plus d'excitation à deux, c'est ça la différence. C'est pour ça que la technique, ça compte un peu, mais pas tant que ça. Moi j'arrive souvent à éjaculer même si la fille me branle pas super bien, mais juste parce que j'aime me sentir pris en main (dans tous les sens du terme, j'aime l'idée qu'elle veut bien faire, quelle me veut du bien). Et même si ça marche pas jusqu'au bout, j'ai pris du plaisir. Si je veux du 100 % technique, je me finis tout seul.

Mots

Christophe. Sois belle et tais-toi

J'ai eu une aventure avec une collègue de bureau que je convoitais depuis longtemps. Elle était élégante, raffinée, une vraie beauté. Elle m'intimidait

beaucoup. Un soir, après un pot à l'agence, je l'ai raccompagnée chez elle et elle m'a proposé de monter boire un verre. Son appartement était à son image, très raffiné, tous les détails très soignés. Nous nous sommes embrassés longuement, j'étais au paradis. Puis elle a entrepris une fellation, un rêve de douceur, je n'avais jamais eu autant envie d'une fille. Au moment où mon plaisir était à son comble, elle abandonna mon sexe pour laisser échapper ces quelques mots de sa si jolie bouche : « J'adore les sucettes à la viande ! » Ce fut comme un électrochoc, la sucette a fondu instantanément. J'ai prétexté un malaise pour partir en courant. Nous travaillons toujours ensemble et ses mots me reviennent chaque fois que je la croise…

Rohan. Un peu de bla-bla ça va, trop, bonjour les dégâts
C'est incroyable le nombre de nanas qui parlent pendant qu'on fait l'amour. Quelques petites phrases de temps à autre pourquoi pas, on n'a pas fait vœu de silence, mais bon le moulin à parole qui te crache des mots vulgaires pendant 1 heure ça me gonfle un peu.

ORGASME

Jean-Christophe. C'est dans la tête
L'orgasme est une forme de délivrance, comme si j'avais atteint le paroxysme du plaisir, et qu'à ce moment-là, je ne pouvais pas monter plus haut. C'est un état de plaisir intense, où tout mon corps n'est plus

que de la jouissance. Si je sais que la fille sent dans son sexe le sperme jaillir, l'orgasme me paraît encore plus puissant. Je crois que c'est selon ce qui se passe dans la tête qu'on jouit plus ou moins fort.

♥ Stanislas. Je crie

Quand je jouis, je ressens une énorme explosion à l'intérieur, un séisme qui me prend des pieds à la tête. Je sais que je vais jouir quelques secondes après, ensuite je sens que le sperme va sortir (à ce stade-là, il est trop tard pour essayer d'intervenir !), et c'est l'envolée. Je crois que je suis assez bruyant quand je jouis, mais je n'entends rien. Même ma copine qui gémit du début à la fin de notre rapport, je ne l'entends plus. Comme si je n'étais plus là pendant quatre ou cinq secondes. Après l'orgasme, je me sens apaisé, entièrement relâché. Je prends ma copine dans mes bras et on s'endort.

Thierry. Double détente

Le corps est entièrement en tension et, d'un coup, tout lâche. Dans la tête et dans les muscles. Je crois que je ressens comme une boule qui monte progressivement de mon sexe à mon crâne, le tout dans une seconde maxi ! Ensuite, j'ai des spasmes, je me sens à la fois tout petit et chaud et bien. Après, je dirai plus que c'est le relâchement de tout le corps, et une grande sensation de bien-être, de détente. Zen.

♥ Arnaud. Quand je veux !

Quand je jouis, je suis content, et si je ne jouis pas, je suis content aussi. Un rapport sexuel

peut être très sensuel, hyperagréable, même sans orgasme. Ma copine ne décolle pas « à tous les coups », et bien moi non plus. Je ne veux pas me lancer dans « la course à l'orgasme ». Et puis je crois que les orgasmes que nous avons sont plus forts, du fait de leur rareté.

Antoine. Surprise !

Parce qu'il y a l'acte mécanique en lui-même, et tout l'affectif lié à la situation. Souvent, au moment où je sens que je vais jouir, j'aime que ma copine me serre avec son sexe pour sentir mon sperme venir. Les meilleurs orgasmes ne sont pas toujours ceux qu'on croit, genre après une séparation d'une semaine, ou après un petit resto en amoureux. Parfois, il suffit d'une partie de jambes en l'air, lancée au hasard, malgré la fatigue et le reste, pour atteindre le nirvana. Ce n'est pas toujours logique dans l'intensité.

Miguel. Comme un ouragan…

Mon orgasme commence très nettement au niveau de mon sexe, c'est comme une onde, une espèce de secousse qui me parcourt et qui remonte dans le ventre. J'ai des contractions quasi instantanément, elles partent aussi de mon sexe, enfin je crois, pour remonter.

Gérard. Jamais déçu

Mon corps passe d'un état de tension totale à un état de relâchement complet. C'est très agréable, une sensation comparable à aucune autre. Bien sûr, tous les orgasmes ne se ressemblent pas. Certains sont géniaux, d'autres biens, d'autres pas mal…

Ça dépend comment on se sent, si on est fatigué, c'est comme tout ! Et franchement, ce n'est jamais désagréable !

♥ **Olivier. C'est mieux avant**

Au moment de l'orgasme, je suis à la limite de l'évanouissement, dans un état d'abandon total vis-à-vis de ma partenaire. Ce que je préfère, c'est l'escalade vers l'orgasme, quand je me sens emporté. Quand le plaisir monte, les sensations aussi, quand c'est de plus en plus fort… Au moment où je jouis, c'est presque dommage car je sais d'avance que d'ici quelques secondes, tout sera fini. Et le moment M est tellement court ! J'aimerais bien pouvoir prolonger cette phase « d'avant », mais ce n'est pas gagné !

Damien. Sous contrôle

Quand je jouis, c'est comme une grande sensation de chaleur qui part de mon sexe et me monte à la tête, en l'espace de deux secondes. J'aime sentir l'orgasme venir, le moment où ça monte et l'instant où bing, il est là. Je me sens alors envahi par de grandes vagues de plaisir, je suis hyper concentré sur mon orgasme. Chez moi, tout se passe dans ma tête. Je dois prendre conscience que je vais jouir pour jouir.

♥ **Tonio. Hygiénique**

Parfois, je sais que ça ne va pas venir, je ne suis pas dans le trip, j'ai la tête ailleurs. Là, je simule et je fais au mieux pour que ça se finisse au plus vite. J'éjacule, mais je n'ai pas vraiment de sensation de plaisir, c'est plus un soulagement de

sentir toutes ces tensions s'évacuer, et de savoir que, ouf, c'est terminé. Pour la fille aussi, ça doit être pénible.

Matthias. Sensations fortes

On ne pense jamais à prendre des notes dans les moments intéressants comme l'orgasme. Je dirais que je ressens une sensation intense dans le pénis et plus bas. Je peux essayer de la retenir, mais c'est dur, presque impossible. Ensuite, une sorte de grand soulagement, les spasmes de l'éjaculation (et une bonne sensation grâce aux frottements sur le pénis), je sens le sperme passer et j'ai du plaisir dans le ventre (voire dans le derrière si quelque chose est enfoncé par là).

PÉNIS

Jean-Philippe. Mon souvenir érotique le plus fort : un massage du sexe

Je ne savais même pas qu'un truc pareil existait : le massage du sexe. C'est une fille qui m'a fait ça il y a quelques années, elle me massait vraiment les cuisses, le pénis, les bourses, elle tirait des fois d'un coup un peu sec, je me laissais complètement faire parce que je ressentais des choses que je n'avais jamais connues avant. Par exemple, j'avais une envie de cheval fou, l'envie de baiser toutes les nanas de mon immeuble, et, dans ces moments-là, mon sexe était tout petit et tout mou. Pourtant, quand je fermais les yeux, j'avais l'impression de bander comme un taureau. Je respirais comme un phoque.

Un vrai bestiaire, je sais ! Après ce massage sexuel, j'avais une patate de folie, avec une espèce d'énergie sexuelle qui circulait partout dans mon corps, des pieds à la tête. Comme si elle était « sortie » de mon sexe (normalement concentrée ici, tous les mecs voient de quoi je parle) pour aller remplir partout mes veines, mes bras, mes pieds. On a fait l'amour bien plus tard dans la journée (entre-temps on est allés faire des courses, etc., et j'ai gardé cette force sexuelle en moi, ça paraît risible mais il n'y a pas d'autre mot), ça a été la folie. Il paraît qu'on peut aussi masser le sexe de la fille selon le même principe, et que ça s'appelle le tantra du sexe.

Poils

Stéphane. Épile… poil !

Je me suis déjà rasé les poils du pubis et des testicules pour faire l'amour avec ma copine qui était elle aussi épilée. J'ai trouvé ça génial et elle aussi, très doux, le contact entre les peaux est beaucoup plus « lisse », on glisse mieux, c'est nettement plus sensuel. Depuis, ça a repoussé, mais régulièrement, on se fait une petite gâterie sans poils, c'est comme si les sensations étaient nouvelles à chaque fois.

> **♥ Nicolas. Le tablier de sapeur**
>
> Quand j'ai rencontré Anne, j'ai immédiatement été excité par ses cheveux noirs, épais ; ça avait un côté « animal », cette masse lisse et lourde. Elle en jouait, j'adorais ça. Elle est grande et svelte, ses cheveux accentuaient sa silhouette genre gazelle.

Très vite, nos relations ont dépassé la séduction et nous étions de plus en plus « tendus », les sous-entendus sexuels fusaient. Le jour J est arrivé ; c'est elle qui a « pris les choses en main »... On déjeunait au resto, elle m'a dit qu'elle avait envie de moi, là, tout de suite. J'ai commandé deux coupes de champagne (pour pas passer pour le gros lourd qui pense qu'à ça) et... l'addition ! On s'est engouffrés dans le premier hôtel sympa. Je l'ai déshabillée... ventre plat, épaules menues, des seins lourds, des jambes qui n'en finissaient pas, mon excitation était à son comble. Elle a envoyé sa culotte valser sur une chaise, et là, malgré la pénombre... je n'en ai pas cru mes yeux... un yéti ! Ça ne s'appelle plus une toison, à ce niveau-là, mais un fourré, une forêt ! Non seulement son pubis était totalement recouvert de poils drus et épais, mais le haut de ses cuisses, aussi. Ça formait un triangle qui lui descendait pratiquement jusqu'au milieu des cuisses... un tablier de sapeur, aurait dit mon grand-père ! J'avais beau essayer de chercher ses yeux, de fermer les miens, je ne voyais que cette touffe ébouriffée qui laissait entrevoir, au niveau de son sexe, que ça ne s'arrêtait pas là, et que la « face cachée » de la demoiselle devait être envahie elle aussi par cette végétation intempestive ! Comme si elle avait lu dans cette pensée, elle s'est tournée en me proposant sa ravissante croupe... l'horreur ! Ça semblait jaillir de la raie de ses fesses en un buisson échevelé ! Je tentais de me persuader que c'était une histoire de mode, que ça ne pouvait pas compter face à l'envie que j'avais d'elle... en vain ! J'ai fui comme un voleur, balbutiant une excuse

bidon… Je voyais bien dans son regard qu'elle ne comprenait rien à ce revirement, mais j'avais des hauts-le-cœur en imaginant mon visage enfoui dans cette jungle. Je ne suis pas un inconditionnel de l'épilation façon ticket de métro, mais là, c'était trop pour moi. Je n'ai jamais réussi à lui en parler, j'ai fait le mort face à ses messages… qui ont fini par être désagréables.

Joseph. Donnant donnant
Ma copine voulait que je me rase le sexe, je n'en avais pas envie. Puis j'ai dit « d'accord, mais c'est toi qui me le fais, et tu te débrouilles comme tu veux mais c'est sur le lit, tu t'assois sur mes cuisses et tu te mets à califourchon pour retirer tous mes poils, même ceux qui sont bien planqués». Elle n'a pas eu le choix, elle s'est exécutée, m'a rasée et pendant ce temps là je matais son joli petit cul. J'ai fini par ne plus tenir et j'ai commencé à la caresser juste là mais j'avais peur d'un coup de lame mal placé. Finalement elle n'a pas fini son boulot d'esthéticienne, mais moi j'ai fini mon boulot de mâle en envoyant tout valdinguer. C'était finalement une très bonne idée, ce rasage !

Recoucher avec une ex

Philippe. L'amour au téléphone avec mon ex
J'ai fait 2 fois l'amour au téléphone avec mon ex… et plusieurs fois en vrai aussi. Je vis avec une fille, Olivia, et mon ex, Nadia, vit avec Matthieu. Nous nous entendons bien avec nos partenaires, mais Nadia et moi avons passé tant de nuits vraiment chaudes

ensemble et sommes restés en si bons termes qu'on s'appelle régulièrement, en cachette des deux autres. Chaque fois qu'on s'est masturbés tous les deux en ligne, elle était dans sa salle de bains, moi j'étais seul à la maison, dans mon plumard. Et à chaque fois la conversation a démarré de la même façon, « comment tu vas, etc. », tout simple. C'est jamais prémédité cette histoire, et c'est sûrement pour ça que c'est si bon. On commence par se tripoter sans vraiment penser à se masturber réellement, mais inéluctablement les mouvements se font plus précis, et on monte tous les deux en intensité en se chuchotant des mots extra crus et en décrivant les positions dans lesquelles on se trouve. Par exemple, elle me dit qu'elle douche son clito sous l'eau, elle m'encourage à prendre mon gland, à redescendre, à toucher mes couilles. Chaque fois je fais ce qu'elle me dit et les yeux fermés, en kit main libre, je te jure que c'est troublant, tu as presque la sensation que la fille est juste là, à côté de toi. On a joui à chaque fois, moi d'abord, elle après.

Sexe de nana (si j'avais un)

Lucas. Évidemment
Ben j'irais me faire sauter !

Barnabé. J'irais avec une femme
Ça va te paraître étrange mais je crois que j'irais faire l'amour avec une femme. J'irais me faire lécher par une nana (toutes les filles disent que les mecs lèchent mal). En fait ce qui m'intéresse c'est ce que mon corps de femme ressentirait

d'une manière générale. Je veux dire est-ce que mon nouveau sexe serait brûlant de désir (comme un pénis) ou est-ce que ce désir serait réparti partout ? Il paraît que c'est réparti partout chez les femmes…

Olivier. J'aimerais pas
Un sexe de femme ? Quelle drôle d'idée. Non j'aimerais pas avoir ça je crois. Pour quoi faire ?

Sodomie

Paul. Un petit extra
Pour moi, la sodomie est un moyen de donner et de recevoir un plaisir différent, peut-être encore plus intime. Je trouve qu'il n'y a pas de mal à essayer de nouvelles pratiques, à explorer de nouvelles possibilités. Ce n'est pas une obligation, mais quand les deux partenaires sont sur la même longueur d'onde, ça rend l'acte encore plus intense, même si la sodomie n'est pas une finalité en soi. C'est quelque chose qui peut venir agrémenter l'acte, mais si ça devient systématique, ça perd de son sens. Quand je sodomise ma copine, je me sens particulièrement serré, limite retenu, et ça me « détraque ». Je peux caresser ses fesses à volonté.

Xavier. Acte d'amour
On pratique parfois la sodomie avec ma femme. J'essaye de me montrer particulièrement tendre et doux, mais surtout, je la laisse faire. Si elle change d'avis, je comprends. Si elle me demande

de me retirer, j'obéis. Elle aime que je lui caresse le clito pendant la pénétration anale, ce que je fais évidemment pour augmenter son plaisir, et donc en toute logique, le mien. Moi je ne trouve pas ça sale. Je pense que bon nombre de filles qui n'aiment pas ça sont arrêtées soit par la peur, soit par l'image rabaissante véhiculée par les films pornos qui raffolent de ce type de pratique. Là, je trouve que c'est de la responsabilité de l'homme. S'il se montre doux, patient, et tendre, on n'est plus du tout dans un film porno, et ça peut devenir un acte d'amour, au même titre qu'une fellation.

Michel. Ma copine appréhende

J'aime bien la sensation du doigt de ma partenaire dans mon anus, et surtout la dilatation qui va avec. Par contre, je ne suis pas du tout excité, si elle rentre et sort son doigt sans arrêt. Ce que j'aime, c'est quand elle le bouge en restant à l'intérieur, mais pas les va-et-vient. Ma copine, elle, n'a encore jamais essayé, elle dit qu'elle appréhende. Après lui avoir mis un, puis deux doigts, on a eu l'idée d'utiliser un petit gode, mais ça m'ennuie un peu. Je trouve ça trop prémédité et je ne veux pas qu'elle l'interprète mal (genre, je la pousse à passer à l'acte). À mon avis, le seul élément qui pourrait être vraiment déclencheur du passage à l'acte, c'est une très grande excitation.

Christian. J'ai peur de faire mal

J'ai sodomisé une partenaire une fois parce qu'elle me le demandait, mais franchement ce n'est pas une pratique qui m'attire : je ne sais pas si la fille aime ou pas, si ça lui fait mal, si je

vais ressortir avec de la merde, non, vraiment, ce n'est pas le pied. Autant de questions pour ça ! Heureusement la fille avec qui je suis aujourd'hui n'est pas branchée par ça non plus.

Sébastien. Non merci !

Je trouve ça bizarre de vouloir aller dans le cul d'une nana. Pourquoi pas dans ses narines ? Ou se branler sous son aisselle ? Non, je trouve qu'il n'y a plus de limite. Avec ma copine, nous pratiquons la fellation, le cunni, on s'envoie en l'air comme des fous, et tout va bien, mais la sodomie, non merci. Je fais partie des hommes qui n'aiment pas ça, et ça ne me dérange pas, au contraire, j'en suis presque fier quand j'entends les filles angoisser à l'idée de se faire sodomiser.

Fabien. Trop excitant !

J'aime bien la sodomie parce que je trouve ça hyperesthétique. C'est curieux, mais je trouve ça plus beau à mater qu'une pénétration vaginale. L'anus est tellement serré autour de la bite, sa peau la tient en contact permanent, comme il n'y a pas de lèvres, le paysage me paraît « vierge », pur. C'est vrai que quand je sodomise une fille, c'est là que tous mes regards sont concentrés parce que je trouve ça trop excitant.

Éric. Un cadeau

Pour moi, la sodomie véhicule incontestablement un interdit, ce qui présente une grande partie de son intérêt. Personnellement, j'aime lubrifier l'anus avec ma langue et y déposer une bonne dose de salive,

mais ma copine préfère le gel pour son côté rapide d'utilisation et plus glissant. L'orgasme pendant une sodomie est très puissant à cause de cette barrière de l'interdit que l'on franchit. Je le trouve plus intense en termes de signification : quand une femme t'offre cette intimité, cette partie si secrète de son corps, elle te montre à quel point elle t'aime et te fait confiance. Attention, je ne dis pas que c'est nécessaire pour savoir si on est aimé, ni que c'est obligatoire quand on s'aime, mais simplement, quand c'est le cas, je trouve que c'est une énorme preuve d'amour. Pour qu'une sodomie soit réussie, les deux partenaires doivent en avoir envie. Pour moi, c'est une pratique à part entière. Quand je sodomise ma copine, je ne vais pas la pénétrer vaginalement ensuite. Je l'excite beaucoup, on se lèche l'anus, on adore ça, et après avoir un peu « élastifié » l'entrée, « on y va ».

> **♥ Ben. C'est pas mon trip**
> J'en raffole pas plus que ça, la boîte à caca, c'est pas mon trip. Comme quoi, tous les mecs n'aiment pas ça.

Mario. C'est elles qui ne veulent pas
J'en ai un peu marre qu'on nous prenne pour des réac alors que les nanas sont pas forcément plus évoluées. J'apprécie de me faire mettre un doigt pour un massage de la prostate pendant qu'on fait l'amour mais surtout pendant que la dame me suce. Je l'ai fait avec deux ou trois partenaires, c'était top. La première fois qu'une nana a voulu me fouiller, ça m'a un peu perturbé (psychologiquement), mais finalement j'ai ressenti tellement de plaisir que j'ai

lâché les doutes qui me venaient à l'esprit « si t'as un doigt là, est-ce que tu es toujours un vrai mec ? », quelque chose comme ça. Mais dans la majorité des cas, les nanas ne sont pas chaudes. Quand je demande gentiment, je me fais insulter, du genre « t'as des tendances un peu homo, non ? » « berk, c'est dégueu ce que tu me demandes ! », « ouais tu me réclames ça pour pouvoir me sodomiser après alors que je t'ai déjà dit que je ne voulais pas », etc. Bref, incompréhension totale. En fait j'ai pigé maintenant qu'il ne fallait pas demander, soit la fille le fait d'elle-même, soit c'est même pas la peine, alors les conseils des sexo mes fesses genre « il faut dialoguer, c'est comme ça qu'on avance », c'est à se demander s'ils ont couché avec d'autres gens que leur unique partenaire, ou même s'ils seraient pas puceaux tant qu'on y est, bon c'était un aparté.

♥ **Fabrice. La sodomie pour tous !**

Je me marre, tous ces mecs qui disent « ah ben alors là, ça c'est pas pour moi ! ». Si c'est si bon pour les femmes, pourquoi ce serait mauvais pour les hommes ? Soyez cohérent les mecs ! Je ne suis pas homo, mais j'aime le plaisir. Pourquoi pas d'ici aussi ? Un homme ne se résume pas à son anus (ou alors les filles auront vite fait de redire que nous sommes des trous du cul !). Un homme c'est un mec qui assume son plaisir, justement sans craindre de devenir homo parce que ça lui fait du bien « là » et « comme ça ». Comme une femme c'est pas une paire de seins ou une foune. C'est autre chose. Réveillez-vous, on est au XXIe siècle !

69

Mathieu. 69 à l'envers
J'ai connu une nana qui avait peur du 69 parce qu'elle étouffait. Mais elle partait du principe que la femme est forcément en dessous ! On a essayé avec elle au-dessus et pour le coup, c'est moi qui ai failli étouffer. Mais j'ai bien fait de prendre sur moi parce qu'après j'ai eu droit régulièrement à cette gâterie. Et même sur le côté, ça marche aussi. Mais c'est vrai que la majeure partie des nanas a du mal à se concentrer en 69, alors que c'est un truc qui n'arrive pas aux mecs, mais alors pas du tout. Bizarre non ? Pourtant ça devrait être pareil, nous aussi on doit faire gaffe, nous aussi on a plein de trucs à penser, et en plus on est ébloui par le panorama (alors que vous les filles, notre zizi, vous le connaissez par cœur…). Ma question c'est « pourquoi les hommes arrivent à se concentrer pendant le 69 et pas les femmes ? ». Si t'as la réponse, ça intéresse tous les mecs.

Jason. Réponse à Mathieu
Le 69 est un truc de mec. Bien sûr je ne dis pas que les femmes n'apprécient pas (surtout quand elles sont au-dessus), mais c'est évidemment parce qu'on mate tout qu'on adore le 69. On peut visualiser précisément le plaisir qu'on procure : on voit les lèvres gonfler et rougir, le jus perler puis couler, le clito prendre des allures de montgolfière, ou se cacher parfois pour une partie de « cours moi après que je t'attrape », et bien sûr la petite fleur noire, l'anus, qui se contracte et se dilate au fil des coups de langue

et du plaisir qui monte, c'est royal. En plus, en décor de fond, tu admires la bouche de la fille qui s'active sur ta queue, tu vois la naissance de ton pénis, ses seins sur ton ventre, c'est quand même du 5 étoiles. Mais pour les mecs surtout. En plus les filles ont du mal à se concentrer sur leur propre plaisir. Même quand elles se masturbent, il faut que ce soit calme, qu'il n'y ait pas trop de lumière, qu'on ne leur parle pas, ce genre de trucs, alors que nous, en 25 secondes debout dans les chiottes du TGV, ça suffit pour Popaul. Alors quand en plus elles doivent nous sucer, j'imagine que ça fait beaucoup. Compare à ton propre état de concentration si tu devais lécher avec application ta copine tout en regardant la coupe du monde de foot. Ne me dis pas que tu n'aurais pas du mal ! Eh bien c'est comparable. Alors qu'elle, elle pourrait sans problème se laisser aller et jouir, même si le match était intense.

Jacques. L'émotion avant tout

Ce que j'aime dans cette position, c'est cette débauche de fluides corporels, le fait de se fondre comme ça, ensemble, des bras et des jambes dans tous les sens, ça fait un peu bizarre et magique à la fois. Et on est vraiment près de l'autre de son plaisir, on côtoie le sexe, là juste sous les yeux, c'est fort, les effluves, la chaleur de l'autre, ça palpite. Pour les émotions, on fait difficilement mieux. Maintenant je dois avoir des gènes féminins parce que moi aussi, j'ai du mal à me concentrer à la fois sur mon sexe et sur celui de mon amie. Donc à choisir, j'essaie plutôt de lui donner du plaisir, et ça m'arrive de m'oublier un

peu. Pour être vraiment honnête, je déconnecte par tous les bouts : après quelques minutes de travail, soit j'oublie carrément que je me fais sucer (en même temps c'est plutôt bien pour pas éjaculer avant que madame vienne), soit j'oublie carrément de lécher (il y a des blancs). Mais bon j'ai toujours du mal à faire deux choses à la fois, surtout la bouche pleine (je dois être le seul mec de France à ne pas pouvoir manger devant la télé). Donc côté sensations, je ne placerais pas le 69 sur le podium.

> **♥ Marco. Question de taille**
> Le 69 ? La principale raison pour laquelle ça foire (ou ça réussit), c'est la taille. Pas du sexe, pour une fois, mais du corps, des jambes, etc. La fille doit mesurer au minimum 10 cm de moins que le mec. Voilà, c'est aussi simple que ça. Sinon, si les deux font dans les 1,75 m par exemple, c'est pas en face, et c'est parti pour des contorsions tue-le-plaisir.

Sylvain. Alternance 69/pipe
Le truc c'est que si la fille est dessus, elle te suce pas exactement au même endroit, par exemple sa langue ne passe pas obligatoirement sur le frein alors que pour moi, c'est ça le must. Donc c'est bien aussi d'alterner ou, si la fille veut vraiment pas être dessous, le mec peut parfois venir se faire tailler une petite pipe pour varier les angles d'attaque, puis revenir à ce qui l'occupait. Je sais que je ne fais pas l'unanimité quand je dis ça, toutes les nanas me tombent dessus version « non mais ça va pas ? Si t'arrêtes de lécher, tout s'en va, quand tu

reviens faut tout recommencer depuis le début, on a perdu la concentration, le désir est parti, etc. ». Sauf que dans la réalité j'ai remarqué que si dans les 20 premières secondes de reprise le clito faisait effectivement semblant de dormir un peu, il se regonflait à toute vitesse juste après, et on pouvait reprendre tranquillement où on en était resté. Moralité : on peut très bien s'arrêter et recommencer pendant un cunni, plein de filles elles-mêmes ne le savent pas, mais celles qui le découvrent sont ravies d'expérimenter de nouvelles sensations. Parce que du coup, à la phase 2, après le petit moment de flottement, ça part direct en 4e. Et la dame voit 36 chandelles au lieu d'une petite dizaine avant !

Sperme (l'éjaculation)

Yves. Couleur du sperme

Je sais que les femmes se demandent souvent si leur homme se branle ou pas. Un bon moyen de le savoir, c'est de regarder le sperme : s'il est presque transparent, c'est que le mec se masturbe souvent, ou alors qu'il l'a fait dans la journée, peut-être pour être sûr d'assurer avec la fille et de ne pas se laisser déborder par son plaisir. Plus le sperme est épais et blanc, moins le mec se branle. Moi à chaque fois que je le fais (moins maintenant mais à une époque, c'était la folie… tous les jours, souvent plusieurs fois par jour), je regarde ce qui sort, c'est obligé, tous les mecs adorent admirer leur sperme, je ne sais pas pourquoi. En tout cas moi j'aime mieux quand c'est épais, mais comme j'adore me branler, c'est la

quadrature du cercle. Je ne sais pas si le goût change, oui ça doit sûrement changer puisque moi je trouve que la consistance n'est pas la même. Mais j'en sais rien, c'est vrai, j'ai jamais demandé.

Christophe. Liberté pour le sperme !
Tu peux pas savoir comme c'est bon de pouvoir éjaculer n'importe où, sur les draps, les seins, le dos, l'oreiller, bref, pas dans un sac plastique ni en faisant gaffe à pas salir. J'adore. Y a pas de quoi s'énerver si ça fait une tache, Omo micro, crapoto basta fuite !

Tony. N'oublie pas de descendre la poubelle
Une humiliation un peu dégueu à te raconter. Comme je vis seul, j'ai tendance à me faire des petites gâteries à la maison et je balance mes Kleenex dans la poubelle. Que je ne vide pas souvent, il faut reconnaître. Et un jour un pote en visite m'a dit « ton appartement il pue vraiment le sperme ! ». Je suis devenu rouge de honte, maintenant je ferme le sac tout de suite « après » et je le balance dans le vide-ordure.

Jean-Jean. Pourquoi il faut avaler, les filles

1) C'est carrément 100 fois meilleur pour nous de terminer dans votre bouche qu'en dehors.

2) Le sperme c'est bon pour la santé, c'est plein de minéraux (et presque pas de calories) et il y a même des molécules antidéprime dedans (si, si, c'est vrai !).

3) Ça laisse les draps propres.

4) C'est une question d'habitude. Avant d'apprécier les épinards, il a dû passer du temps, maintenant vous adorez. Ben c'est pareil : il faut s'entraîner.

5) On n'a pas l'impression que vous nous rejetez.

6) Il paraît que certains d'entre nous ont un sperme ignoble, merci de le mettre dans un coin de votre bouche et de cracher APRÈS mais sur le moment, laissez-nous croire que c'est du brownie au choco pour vous.

7) Nous on n'a pas le choix pendant le cunni…

8) Vous êtes sûre de nous vider et que vous ne tomberez pas enceinte !

TORDU (JE SUIS)

Yvan. Je suis tordu

Je suis tordu, complètement. On me le dit souvent mais c'est vrai : j'allume toutes les nanas que je peux, je leur balance des regards langoureux, je les séduis et après, quand je peux les attraper, j'ai plus envie. Du tout. J'en saute une de temps en temps mais c'est pas ça qui me fait vraiment kiffer. J'aime qu'elles « tombent » par-dessus tout. Et qu'elles souffrent de mon indifférence soudaine une fois que c'est le cas.

Toys

Christophe. Un peu, mais pas trop
Avec ma copine, il nous arrive de nous faire un petit extra avec un gode. Je lui mets pendant que je la lèche ou si elle me suce. Ça nous excite beaucoup tous les deux, mais je fais toujours attention à ne pas lui donner trop de plaisir car je n'aimerais pas qu'elle jouisse avec. Je préfère égoïstement que ce soit avec moi ! Et j'avoue que ça me « rassure » qu'elle jouisse avec ma b… plus qu'avec un truc en silicone.

Théo. Le rosebud ça m'éclate
J'adore quand ma copine met son rosebud (bijou intime anal, *ndla*), surtout quand on fait autre chose, par exemple on est au resto, au dessert, elle se lève, elle me dit qu'elle va aux toilettes, elle a le rosebud dans la main, elle va le mettre en place et après… c'est moi qui ne tiens plus en place. Ça veut dire que pendant qu'on mange notre fondant au chocolat, elle a ce bouchon de carafe enfoncé dans son petit cul adorable et qu'après, de retour à la maison, je vais la prendre en levrette (tu sens trop l'objet à travers la paroi) et serai hypnotisé par ce truc qui sort de son anus. Avant d'éjaculer, je sortirai, j'attendrai un peu, je retirerai le bijou avec précaution et… je prendrai sa place ! Un code tacite pour dire « aujourd'hui, ok pour la sodomie ».

Olivier. Les toys réalistes, c'est glauque
L'autre jour je me baladais avec mon meilleur pote au sex shop. C'était une première ! On a mis 2 mois avant d'oser passer la porte entre midi et deux, mais

l'envie de raconter après aux collègues, à la pause café de l'après-midi a été plus forte que tout. Eh bien là, passé le premier moment d'émerveillement au sujet de l'inventivité des fabricants de toys, on a finalement un peu déprimé face aux faux vagins. Ces petits bouts de corps éparpillés (lèvres, sexe, etc.), notamment ce sexe féminin vierge (tu le déflores !), ça m'a filé le bourdon. Peut-être que physiquement c'est sympa, mais vraiment baiser un bout de plastique ça nous a donné presque envie de pleurer. Les objets stylisés (comme l'œuf vibrant ou les godes multicolores) nous ont plus fait marrer, au moins c'est drôle. Tous les autres, qui essaient de ressembler au corps humain, c'est glauque.

♥ **Marc-Olivier. Une boîte à jeux**

On adore les toys, on en a une bonne dizaine et nos amis nous en offrent souvent aux anniversaires. Ça a commencé par une blague un jour avec nos 4 meilleurs amis ; l'un d'entre eux, l'heureux nouveau propriétaire d'un gode stylisé, est devenu écarlate de honte, et maintenant on essaie de dénicher les toys les plus amusants, les plus surprenants, on en rapporte de nos voyages, etc. Et on s'échange les bons plans, on commente. Bon, on ne fait pas que ça non plus ! En tout cas à la maison on a une grosse boîte à toys et je sais très bien que quand Laurie en préfère un plutôt qu'un autre, elle le place bien en évidence au-dessus. Quand j'ouvre le couvercle, je tombe pile sur la chose, le message est clair ! Bien sûr je ne suis pas obligé, certains soirs je me sens l'âme plus dominateur et je peux choisir un objet un peu plus « hard ». Mais en général je

lui fais plaisir, parce que moi aussi ça m'éclate. Je précise qu'on fait aussi souvent l'amour sans rien du tout. C'est juste que cette boîte fait partie de notre univers sexuel, d'ailleurs elle est rangée au milieu des petites culottes de Laurie. Un vrai petit bonheur pour l'œil.

Bernard. On n'a pas 4 mains

Tout le problème avec les toys c'est que les mecs craignent que ça les remplace. Rien à voir. Quand on fait l'amour, ça peut être un plan romantique et tendre (sans toys) ou ludique, aventureux, dans une recherche absolue de plaisir (avec toys). Expliquez-moi, les gars, comment vous faites pour lécher votre copine et la caresser en même temps sur le corps, les seins ou même l'entrée du sexe ET la branler. Techniquement impossible, sauf si t'as 4 mains. Et même alors, ça fait pas pareil quand la fille sent quelque chose vibrer au fond de son sexe mais sans qu'il soit « ouvert ». Alors pourquoi ne pas leur offrir un cunni sachant qu'elles ont leur boules de geisha à l'intérieur ou leur œuf vibrant, tout en les caressant sur le côté des fesses, à l'intérieur des cuisses, etc. Ça démultiplie les sensations, qui va s'en plaindre ? Et oui, vous êtes indispensables : qui c'est qui le fait le cunni, hein ?

Charles. Chocolat-addict

J'ai envie de parler de mon meilleur souvenir érotique. En fait, ça faisait longtemps que j'essayais de joindre l'alimentaire et la baise, sans vraiment y parvenir. Je veux dire que parfois on voit des belles photos avec des corps nus plongés

dans des bains de champagne ou recouverts de fruits coupés et de miel, mais dans la réalité, c'est la galère : le miel est poisseux, le champagne est cher, les fruits laissent des traces partout, et finalement c'est assez dégueu. Comme j'adore le Nutella, j'ai essayé d'en tartiner sur le corps de ma copine, mais là pareil, c'est plus drôle à imaginer qu'à réaliser : ça fait des pâtés, lorsqu'elle bouge ça se craquelle. Et puis je suis tombé, dans un sex shop hollandais, sur de la peinture au chocolat, et j'en ai acheté deux sortes différentes. La première, c'était une petite bouteille avec un pinceau, et c'était vraiment trop bon de masturber le sexe de mon amie avec ce pinceau plein de chocolat. Et ce qui est top, c'est que pour bien la nettoyer (parce que c'est le but du jeu, bien sûr), il faut lécher longtemps et avec insistance, parce que le chocolat adhère bien. J'ai adoré le mélange de la saveur de son sexe et de cette peinture au chocolat. Rien que de le raconter, regarde, je bande. J'en avais plein autour de la bouche, je retournais l'embrasser pour lui glisser entre les lèvres son jus, ma salive et du chocolat. Et puis elle m'a quitté, et depuis, j'ai à chaque fois envie de refaire ça avec une autre fille, mais il faudrait que je tombe sur une gourmande aussi sensuelle que la première, et je ne suis pas sûr que ça existe…

Bertil. J'étais rentré dans le sex-shop pour acheter une poupée gonflable

Quand je me suis fait larguer par ma nana à l'automne dernier, mes copains ont cru que j'étais au

bord du précipice et m'ont proposé une virée dans un sex shop pour acheter une poupée gonflable. Je n'étais franchement pas chaud, à tous points de vue. Déjà rien que d'aller dans un magasin pareil, ça me calmait la libido (qui était déjà au plus bas, en fait). Et puis l'objet en lui-même, je trouve ça, enfin, l'idée de l'objet plutôt, me semble grotesque, ridicule. J'aime mieux me donner du plaisir autrement si je suis seul, mais pas me livrer à des pantomimes débiles (je crois que c'est parce que j'ai lu un roman marrant où il était question d'une poupée gonflable au fond d'un puits). Mais bon un samedi pluvieux, j'ai fini par me laisser traîner dans un sex shop. En fait mes potes n'en menaient pas plus large que moi, et on n'osait rien toucher, on restait là les mains dans les poches, la bouche ouverte devant la multitude d'objets à portée de vue.

Si je raconte tout ça, c'est pour mettre à l'aise tous les gens qui ont peur de pousser la porte (ou plutôt le rideau) de ce genre de lieu. Derrière, c'est plutôt plus calme que dans la rue et personne ne fait attention à vous. Le vendeur regarde juste si on ne taxe rien, de temps à autre, mais sinon il mate la télé. Donc au bout de quelques minutes, je me suis détendu et je me suis dit : « Tu t'en faisais vraiment tout un monde, finalement c'est plutôt sympa, pourquoi ne pas chercher un truc pour améliorer la masturbation ordinaire ? » En fait il y avait plein d'objets dont je ne comprenais pas le mode d'emploi, ni même si c'était des accessoires pour mec ou nana. Puisque j'étais venu pour les poupées gonflables, je suis d'abord allé voir le rayon (c'était écrit en grand « poupées gonflables », tu peux pas te tromper !),

et là vraiment je me suis dit que c'était pas mon truc. Moi qui déteste les lèvres pulpeuses, les gros seins et tout ce qui s'ensuit, moi qui aime les nanas pleines de charme, ça ne le ferait pas. J'ai découvert qu'il existait des vibros pour hommes (je veux dire, spécifiques : avec des bouts recourbés qui stimulent la prostate il paraît que c'est super c'est un copain homo qui me l'a dit), des anneaux qui servent à empêcher les boules de remonter donc ça ralentit l'arrivée de l'éjaculation, des avants-bras avec des doigts allongés ou en poing (pour les fists !)... j'ai même vu des bijoux à accrocher autour du sexe ! Comme des colliers. Mes copains se montraient des trucs, hilares, mais on n'osait quand même pas rigoler ou hurler trop fort dans le magasin.
J'ai sauté le pas. J'ai acheté un truc. Deux en fait. Je ne me suis pas dit « tiens ça pourra me servir avec une fille ». Non. Je me disais « vivement ce soir que je teste ça chez moi ». D'abord, j'ai choisi un objet un peu mou (comme les poupées souples, vous voyez ?) ; le truc c'était de mettre sa bite entre deux gros seins et elle arrivait dans une bouche. Genre branlette et fellation en même temps ! Une fois le côté marrant envolé, j'ai reposé le truc. Super cher en plus. J'ai aussi manipulé un appareil pour dépuceler une vierge (tu éclates une petite peau ! Je me suis dit que ça ne devait servir qu'une fois, mais c'est pas sûr, peut-être qu'on peut remettre la peau). Mais bon, ça non plus c'est pas mon trip. Donc (je ménage le suspense, hein !) en fait voilà j'ai acheté un masturbateur, tout simple. Ça ressemble à un gode, sauf que dedans c'est vide et que tu dois y glisser ton sexe. Et j'ai acheté du lubrifiant pour m'en

servir, bien sûr ! Eh bien je vais te dire, franchement, je préfère ma main. Eh ! Je me souviens du titre du bouquin avec la poupée dans le puits ! Je crois que c'est un Wilt de Tom Sharp.

♥ Gildas. Boules baladeuses

J'aime faire découvrir les boules de geishas à certaines de mes partenaires. Je place moi-même les deux boules dans ma copine, et on va se balader en ville ou en forêt. Elle aime bien, trouve que ça fait monter son désir, et moi ça me « détraque » carrément d'imaginer qu'elle a du plaisir dans un endroit public (du moment que je l'accompagne). On ne les utilise pas systématiquement, de temps en temps, pour le délire.

Arnaud. Chacun le sien

Avec ma copine, on a deux minigodes dont on se sert pour la pénétration anale. Au départ, on en avait acheté un pour elle, et finalement, je m'y suis mis aussi. Donc on en a racheté un deuxième, comme ça, chacun a le sien. On ne s'en sert pas systématiquement, juste quand ça nous prend. Ça met un peu de piquant dans nos rapports. Du moment que les deux partenaires y trouvent leur compte, je ne vois pas où est le problème.

♥ Lorenzo. Mode d'emploi pour profiter de l'effet papillon

Pour les filles qui ne feraient pas d'escalade, de descente en rappel ou qui n'auraient pas encore testé les sensations de l'accrobranche, enfiler un papillon c'est comme de mettre un baudrier.

Une jambe à gauche dans la petite boucle, une à droite dans l'autre petite boucle, on remonte le bizness jusqu'en haut, on relie les deux grands liens autour de la taille et le papillon est bien en place, croyez-moi, au chaud, là, il ne risque pas d'avoir envie de s'envoler ! Moi si j'étais lui, je ne bougerais pas ! Au fait vous saviez qu'on peut déclencher les vibrations via un site internet, qui « réveille » ton mobile ? Enfin bon ça devient un peu technique et faut s'organiser, mais du coup, être déclenché à distance parce que t'as programmé avant, il fallait y penser !

Théo. C'est moi qui mets les boules de geisha à ma femme

Quand je ne suis pas là, elle fait comme elle veut. Mais sinon c'est moi qui m'y colle. J'adore par-dessus tout aller dans un endroit pas marrant, comme au supermarché, et la mater avancer lentement, poussant son Caddie, le regard en coin. Psychologiquement, je sais que c'est moi qui l'ai « remplie » et ça me fait monter aussi. Une expérience forte, impossible à expliquer mais les sensations sont intéressantes, t'as l'impression de former une bulle avec ta femme, il n'y a que toi et elle qui « savez », ça fait un point de complicité incomparable.

Xavier. Avec des godes devant et derrière, elle part complètement

Avec des godes bien adaptés, tu peux faire bien mieux que du naturel. Un exemple tout bête : une double pénétration dans la vraie vie, c'est vraiment galère. Ça nous est arrivé en couple : quand l'un

est devant, l'autre derrière ne peut pas vraiment rentrer (principe des vases communicants), enfin il est comme rejeté, il doit lutter : pas très confort et souvent douloureux pour la fille. Avec des godes, rien de tout ça, chacun reste bien en place là où on le lui demande, et pendant ce temps je peux faire un très long cunni à la fille. Elle a vraiment la tête dans les étoiles, elle se tortille de plaisir dans tous les sens, je sens qu'elle part complètement, elle oublie qui est là, ce qui se passe, elle m'explique que dans ces moments-là elle n'est plus qu'un sexe ; elle gémit et finit par crier, ce qui est rare, en tout cas chez elle. Quand on le fait sans gode, elle jouit mais moins fort.

Breiz fou. Il prend ma place
Je sais que c'est idiot mais moi, les godes, ça m'énerve. Je ne peux pas m'empêcher de me dire que quand ma copine s'en sert, même devant moi, il y a un truc qui cloche. C'est moi qui devrais être dans son sexe tout chaud. Pas ce bout de plastoque ! Je n'en conclus pas vraiment que je ne suis pas à la hauteur mais que quand même quelque chose ne colle pas.

Mathieu. My gode
Moi j'étais dans la mouvance « nature sinon rien, les godes non merci oh là là quelle pauvreté d'imagination si vous êtes obligé d'en passer par là », bref le baratin type des gens qui n'ont jamais essayé, étroits d'esprit (et sûrement d'autre chose), un peu vieille France. C'est une ex qui m'a converti aux godes. Nous avions un jeu un peu particulier : elle se masturbait devant

moi comme elle voulait, avec ou sans gode, elle faisait comme si je n'étais pas là. J'étais assis dans un gros fauteuil un peu avachi juste devant le lit et je regardais. J'aurais pu rester là des heures à mater, mais elle jouissait bien plus vite. C'est marrant de constater qu'on suit souvent le même parcours quand on se masturbe, on peut avoir 3 ou 4 modules « différents » mais pas plus, chez les mecs c'est flagrant mais chez les femmes aussi. Et de la voir faire, ça me rassurait vraiment, y compris sur mes capacités (quand on faisait l'amour tous les deux, sans gode ni rien du tout, c'était très fort, très bien !). Donc assis dans mon fauteuil, je focalisais sur ses doigts, sa fente, tout ce que je voyais de rouge, de rose, de mouillé me rendait complètement crazy, à voir le bout de plastique la pénétrer j'imaginais bien sûr que ça pouvait être moi et de transposer mentalement mon sexe à la place du truc était une expérience très forte. Les copines que j'ai eues ensuite n'ont jamais été tentées par l'expérience. Dommage.

Guerhan. Le gode me rend agressif

Le gode, j'aime bien l'idée pour faire une double pénétration à ma femme (parfois une triple mais ça fait un peu beaucoup) sans avoir besoin d'un autre mec dans notre lit. Le gros problème c'est qu'avec un gode en main, je ne me contrôle plus, il me sert autant de bite de rechange que de matraque et je dois vraiment me maîtriser pour ne pas tomber dans le n'importe quoi. Du coup, ma femme qui adore la double pénétration n'y a pas droit trop souvent à cause de ce risque de dérapage.

LES 45 « MAUVAIS PLANS » QU'ILS DÉTESTENT LE PLUS (AU LIT)

Ambiance

La poilue. Alors là, c'est rédhibitoire. Le triangle des Bermudes sur le sexe, oui, dix fois oui. Les poils sur les jambes ou sous les bras, c'est bye bye.

La crade. Pareil : il n'y a pas moyen.

Celle qui ne veut pas utiliser de capote, on se demande bien pourquoi. C'est vrai, en général c'est plutôt les mecs qui sont inconscients avec ça. Bref, en tout cas, pareil : c'est non.

La pas naturelle. On est des grands garçons tout simples, on cherche des grandes filles toutes simples. Pas compliqué, si ?

Celle qui se barricade dans le noir, sous la couette, emmitouflée dans 15 épaisseurs de pilou, pyjama en polaire et autre tee-shirt spécial « grand froid » acheté au rayon « montagne » chez Décathlon.

Celle qui se déshabille dans un coin et attend que tu fasses pareil. On adore retirer vos vêtements, mais on est fous aussi de vos mains qui viennent se balader sur notre braguette, sous notre chemise, dans notre slip ou notre caleçon, et qui nous met à nu.

Celle qui ne t'aide pas pour le déshabillage alors qu'elle voit que tu galères. Faut dire que tous ces boutons, plis, tissus dans tous les sens… on s'y perd.

Celle qui range tout, super maniaque, qui plie ses fringues (et les tiennes) alors que tu ne penses qu'à une seule chose… qui n'est pas du tout la même chose. L'atelier « Ikebana » ou « pliage de

serviette », c'est le samedi après-midi. Pas la peine de tout jeter en tas non plus. Surtout si on doit rentrer « propre sur nous » à la maison, après (cas de l'homme marié infidèle).

💣 **Celle qui garde ses chaussettes.** Même si lesdites chaussettes sont mignonnes, apercevoir un Titi et Gros Minet ou des cœurs rouges sur fond noir au rythme des câlins peut couper les effets de n'importe quel mâle, même s'il s'appelle Rocco Siffredi. Déjà quand on les sent contre nos orteils ça nous agace, mais alors là, les voir, c'est le sommet de l'horreur.

💣 **Celle qui éteint tout.** Et qui éteint à nouveau quand tu as rallumé. Et qui ne veut même pas d'une petite loupiote tremblotante sur le coin du lit. On couche avec Elephant woman ou bien ?

💣 **Celle qui achète des culottes Petits Bateau** ou version « mamie » sur les marchés.

💣 **Celle qui se lance dans un plan « bougies, musique d'ambiance, encens ».** On n'est pas à Katmandou, on veut juste tirer un coup.

💣 **Celle qui te joue la totale, genre strip-tease,** alors qu'elle se force et qu'elle n'est pas faite pour ça.

💣 **Celle qui, au contraire, se précipite sous le drap** alors qu'elle portait des jolis dessous (qui coûtent un œil, on le sait, c'est nous qui les avons achetés…). Ça serait sympa de nous faire profiter du spectacle, par exemple en se baladant un peu dans la chambre, dans l'appart, devant la fenêtre, devant la lumière. On aime vous admirer, on s'en fout des petits bourrelets, des défauts, on vous aime comme vous êtes (enfin bon, dans certaines limites… !) alors ne nous privez pas de vous !

💣 **Celle qui refuse de baiser ailleurs que dans un lit.** Un lit, c'est avant tout pour dormir ! Ok pour faire l'amour là, mais pourquoi pas dans les autres pièces de la maison (les enfants risquent de rentrer), pas chez les amis (ça fait du bruit), pas chez les parents (ils vont avoir une attaque), pas sur le tapis (ça tache), pas dans le garage (il fait froid), pas dans le grenier (ça sent le grenier), pas dans la baignoire (ça glisse), pas dans le jardin (oh là là les voisins), etc. On a le droit de voyager un peu, non ? En plus, en offrant son corps dans un endroit interdisant l'horizontale, c'est le seul moyen d'être sûre qu'on va pas s'endormir juste après. Pensez-y.

💣 **Celle qui refuse de se raser totalement le sexe au moins une fois.** D'accord, c'est réservé aux histoires qui durent. Mais nous les mecs, on adore voir des petites chattes toutes lisses, comme au ciné (porno). Pas tous les jours, mais au moins une fois. On veut voir comment vous êtes faites, vous lécher sans en avoir plein la bouche (remake de la célèbre tarte aux poils), c'est un crime ?

💣 **Celle qui refuse tout contact pendant ses règles.** D'accord, on peut imaginer que ça puisse faire mal ou rendre bougon. Mais c'est pas en baisant pas que ça ira mieux (la preuve chaque mois).

💣 **Celle qui est tombée dans son flacon de parfum.** Dans l'idéal, on préfère rien du tout, mais si vous y tenez, une très discrète petite touche de ce que vous voulez, du moment qu'on ne sent rien… ça va !

💣 **Celle qui passe 1 heure dans la salle de bains** et en ressort avec 1 cm de crème hydratante (mégacollante) sur la face. Débandade assurée. Quand vous arrivez

entre nos mains, la peau de votre visage doit être douce et sèche, comme si vous n'y aviez jamais rien posé d'autre que… des baisers.

Celle qui ne se douche pas alors qu'elle revient d'une journée de boulot, du sport ou de tout autre endroit mal famé. Si l'odeur du parfum ou de la crème est (souvent) repoussante et en tout cas anti-aphrodisiaque, celle d'un discret gel-douche est plutôt rassurante. Nous aussi, on veut bien prendre une douche. Mais pas pendant 2 heures !

Sexe

Celle qui s'en tient au missionnaire. Point.

Celle qui ne suce pas – ou à qui il faut demander plusieurs fois avant qu'elle y aille à contrecœur.

Celle qui suce mal – surtout quand c'est par absence de conviction. D'accord pour l'inexpérimentée qui ne demande qu'à engloutir ta queue, non à celle qui léchouille vaguement le gland d'un air pas concerné et qui n'y va pas carrément. Ok pour un démarrage mais à un moment, il faut passer la seconde.

Celle qui suce en refusant de te mettre un doigt, alors qu'on sait maintenant que ça décuple le plaisir chez l'homme, que dis-je décuple, milletuple.

Celle qui te suce en t'enfonçant un doigt comme si c'était un suppo… avec un méga ongle qui t'arrache tout à l'intérieur et tu as envie de pleurer.

Celle qui te dit d'emblée qu'elle déteste le sperme, et qui te menace de refaire la déco de la pièce si tu la force à avaler. C'est assez vexant…

💣 **Celle qui recrache avec un air dégoûté.** Sachez que les filles qui avalent (en disant « mmmmmmmm ! ») sont toujours classées parmi les « bonnes », même si le reste au lit n'est pas fantastique. C'est bizarre, mais c'est comme ça.

💣 **La bûche.** Qui se laisse prendre, retourner, enculer, sans broncher. Si on veut une poupée gonflable, il y en a des tas en promo sur internet, toute l'année. Un minimum de participation serait apprécié.

💣 **L'hyperentreprenante qui, au contraire, te laisse le rôle de bûche.** On est des hommes quand même ! C'est à nous de prendre, de pénétrer, de décider ! Disons 75 % pour nous, 25 % pour vous. Ça ira ?

💣 **Celle qui stoppe net en plein milieu** parce qu'elle est pas « dans le truc ». Si vous avez une once d'humanité en vous, laissez-nous terminer notre petite affaire. Vous vous ennuierez quelques minutes, d'accord, mais on vous en sera reconnaissant éternellement.

💣 **Celle qui épluche la peau du gland** (qui décalotte) comme si c'était une banane : à la hussarde, en étirant à mort comme pour faire disparaître le bout de peau. Ça fait MAL.

💣 **Celle qui branle à mort** en oubliant les boules. Cherchez bien, elles sont juste en dessous. Quelques petites caresses, griffures, lèches et autres attentions seraient fort appréciées. Mais doucement, bordel !

💣 **Celle qui te touche le gland à sec.** Aïeuuu. La salive, c'est pas pour les chiens ! D'ailleurs on veut bien prendre la langue qui va avec… Évitez de cracher sur Popaul quand même. Si vraiment

votre religion vous interdit la fellation, bavez dans vos mains et recouvrez de cette substance douce et chaude notre petit gland turgescent. Merci.

Celle qui focalise uniquement sur la bite. D'accord, on fait tout pour, d'accord, c'est le meilleur. Mais une main douce dans le bas du dos, sur les fesses, sur le ventre, les cuisses, même si on n'a pas envie d'y passer la nuit, on apprécie.

Celle qui ferme les yeux pendant que tu es dessus et que tu luttes pour qu'elle monte au 7ᵉ. Les yeux fermés, c'est comme des rideaux baissés, on voit plus rien, on sait pas où on en est et, surtout, où ELLE en est. On aime voir ce flou dans vos yeux qui prouve qu'on vous fait du bien.

Celle qui ne t'aide pas à remettre ton sexe dans le sien lorsque, malencontreusement, il s'en est échappé. Ça arrive aux meilleurs !

Celle qui ne t'aide pas non plus à « trouver le trou » alors que tu galères et qu'elle, elle sait bien que c'est juste 4 millimètres plus haut ou plus bas. Et toi tu persistes à vouloir entrer là ou justement, il n'y a pas moyen (petite zone de peau entre le sexe et l'anus, bien connue et honnie de TOUS les hommes, qui s'y sont forcément égarés au moins une fois).

L'extra renfermée qui ne pipe pas mot (eh eh !) pendant l'action. On se sent bien seuls parfois… Pas la peine de nous raconter votre journée ni de nous répéter « je t'aime » 50 fois de suite (c'est pas qu'on s'en fout mais…), par contre communiquer, échanger, nous encourager, nous dire d'aller plus loin, plus vite, plus fort, ça serait sympa. On ne peut pas deviner. Ou de manifester votre plaisir. Langage

cru ou pas, c'est vous qui voyez (nous, à choisir, on prend le bien cru de temps en temps et le raffiné parfois), mais parlez-nous !

Celle qui refuse toute nouvelle expérience, tout jeu. Toys, miel sur le sexe, photos coquines (avec un téléphone portable par exemple) et tout autre « bonus »… quand à chaque fois c'est « no way », ça va finir par être tendu. Ou alors on va aller jouer ailleurs, en douce. C'est la vie. Et si on s'amuse mieux ailleurs, on y restera. C'est la vie aussi.

Celle qui hurle de plaisir. Si elle « exagère », c'est carrément gênant. Si elle est génétiquement programmée pour crier pendant l'orgasme, la moindre des choses serait de prévenir avant.

Celle qui ne simule pas alors qu'elle sait que « c'est pas son jour » et qu'elle « n'y arrivera pas ». Un peu de compassion, abrégez nos souffrances !

Après

Celle qui en fait trop (« j'ai jamais autant joui de ma vie, ta bite est ÉNORME, c'est le paradis, je veux qu'on se marie et qu'on fasse 12 enfants »).

Celle qui n'en fait pas assez.

Celle qui parle, qui parle, qui parle, qui parle… Ça empêche de dormir. C'est lourd.

Celle qui prend notre silence pour autre chose que du silence. Non on ne pense à rien, non on ne l'aime pas plus qu'il y a 2 minutes, non on n'a pas envie qu'elle touche notre poitrail velu. On veut de l'air.

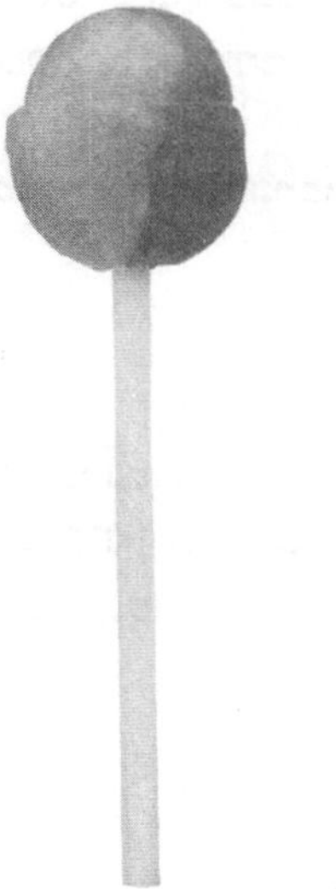

« Une bonne pipe, quel abandon, quel régal. Mais je déteste que la fille me "saute" dessus pour s'attaquer directement à ça. »

Mathieu. Une pipe si je veux ! p. 50
(côté hommes)

« Mes orgasmes clitoridiens sont bien plus forts, plus intenses… que ceux vaginaux. »

Christine. Priorité au clito, p. 85
(côté femmes)

« Parfois, je sais que ça ne va pas venir, je ne suis pas dans le trip, j'ai la tête ailleurs. Là, je simule et je fais au mieux pour que ça se finisse au plus vite. »

Tonio. Hygiénique, p. 93
(côté hommes)

« La masturbation marche avant tout avec les fantasmes : sans eux, impossible de jouir. »

Fabienne. Ça marche à tous les coups, p. 80
(côté femmes)

« Je me masturbe, même sans ma copine, et je ne vois pas ce que ça a de choquant ou de bizarre. Ça ne m'empêche pas d'avoir envie d'elle. »

Emmanuel. La grande évasion, p. 86
(côté hommes)

« J'en suis encore toute retournée. »

Erika. Mon premier toy, p. 117